『全ての人が人間らしく生きていける共生社会』を目指して

宇野　耕児

序文（はじめに）

　現在八十才を越えて生きている私にとって、残り少なくなっていく自分の人生の日々を如何に生きていくかということが自分にとって最も切実な課題になっている。それは後述するように、第二次世界大戦の少し前に外地で生まれて幼少期から各地を転々として育ち、敗戦後に引き揚げてきてからも青少年期・成人期を通して日本各地の農村地帯や都会で過ごし、職業も農業→会社員→教員を遍歴して、現在は年金生活を送りながらも若者から老人にいたる多世代の様々な人達と関わって日々を過ごしている自分がいつ何時生涯を閉じるか分らない状況にあるので、その時に備えて自分のこれまでの人生を振り返って、生涯の締めくくりの日々を自覚して過ごしたいという願いからである。

　そこで、もの心のつく十才頃から今日までの私の人生の中で、自分が生きているこの社会のあり方（＝人間どうしの関係）について最も大切なことは、人々が互いに助け合って皆が幸せに生きていくことであるという信念を持ち続けてきたことから、私の職業人生の大半を占めた教育の仕事を通して、「全ての人が人間らしく幸せに生きていく共生社会」を目指して努力してきた実践の中から、ささやかながら私の体験をより多くの人達に伝えたいと思ってこの原稿を書くことにした。

このような生涯を通して私の生き方の指針になったのは、かの有名な詩人であり思想家である宮沢賢治の次の言葉である。

『世界がぜんたい幸福にならないうちは個人の幸福はあり得ない。』

（農民芸術概論綱要の序論、「日本詩人全集20」新潮社版から引用）

この言葉を年賀状に引用させて貰ったところ、それに共感するという返信を貰って元気づけられたので、私の生涯を貫く理念としてこの言葉を掲げることにした。

そこで「全ての人が人間らしく幸せに生きていくことが出来る社会」とは、具体的には「平和で民主的な共生社会」のことに他ならないので、ささやかながらもその実現を目指して努力してきた私の実践を「自分史」を振り返って次に述べることにする。

二〇一九年三月

宇野　耕児

目次

第一部

第二部

第一部

第一章

『民主的な共生社会』と日本国憲法

…次世代との連帯によって日本国憲法を現実生活の中に活かす

（はじめに）

一九三五年生まれの私が八十才を越えて人生の終末期に近づいても次世代との関わりを大切にして生きていることについて、同世代の高齢者の中には不可思議に思う人達もいるらしい。それは現在の日本では、とくに少子高齢化が進んで将来の自分の生活や社会のあり方に不安をもち、次世代の若い人達や社会的立場の異なる他の人々に違和感を感じて孤独な生活をしている人達が多いことからも伺える。もっとも私自身もこれまでの人生の中で、世の中の矛盾やそれが主な原因となっている相互不信は実感してきたが、それと同時に自分一人の短い一生を、ただ世の中を嘆いているだけで終わったり、他の人達とともにそのような社会を変えていく実践をせずに、自分の好きな事だけをやって自己満足するような生き方だけはしないように努めてきたつもりである。

現在の私のこのような生き方に影響を与えているのは、後で述べるように戦前・戦中・戦後の時代を変転して生きてきた私の人生の生き方そのものであるが、それは青少年時代の農村での生活、大学時代の東京での生活、卒業後の会社での現場で働いている人々との結びつきなどである。しかし、それはとくに会社から教職に転職して以後の生徒や同僚達との結びつきと教職を退職して以降の不登校や引きこもりの子ども・青少年との関わりを通じての体験したことの影響が大きいので、本稿ではそれをもとにして、世の中の全ての人が人間らしく生きていくことが出来る社会を実現していくために、次世代との関わりを中心にして各世代の人達が連帯していく上で大切な留意点を述べてみたい。

（1）次世代との関わりを重視する理由・根拠

現在の激動する内外の政治・経済・社会状勢のもとで、多くの人々が将来の見通しを持てずに不安な日々を送っている。その根底には少数の支配層が権力を掌握して多数の社会的弱者に対してその生存を脅かす抑圧・支配をしている現実があることは明らかであるが、いわゆる「先進国」を中心とした大国では、支配権力が社会の分断政策やマスコミ・教育・文化などを通して支配機構を維持し続けていることがある。

このような状況下で全ての人が人間らしく生きていくことが出来る社会を実現していくには、私達一人一人が真相を見抜く力を身につけて、生活や仕事の場を通して互いに支え合っていく共生社会を築いていくことが大切であるが、そのためには幾多の困難を乗越えて共有する目標を実現するために、いろいろな階層の人々が連帯することが何よりも重要な力となる。

とりわけ未来の社会を担う子どもや青年達の次世代と、様々な多くの苦難を体験してきたそれに先立つ「おとなの世代」との繋がりが不可欠であることは言うまでもない。

ところで、次世代との直接的な関わりが仕事の内容である職業や立場としては、保育・教育・子育てなどがあるが、ここでは私自身の人生を振り返って、その時代とその中での自分の生き方が人々との関わりにどのような影響を与えたかを少し述べてみたい。

後述するように、私の略歴は戦前・戦中から敗戦までの幼少期は父の赴任地の朝鮮で過ごしたが、父の職業が戦前の天皇任命制官僚だったので各地を転々として小学校は四回も転校し、当時の記憶は、酷い軍国主義下の断片的なものしか残っておらず、楽しかるべき幼少期の記憶は殆ど残っていない。敗戦後は父の故郷である若狭地方に引き揚げてそこで二十才までの青少年期を送ったが、学業の傍ら農業に従事しながら過疎化が進む農村では将来の見通しがもてないと思って兄達の跡を追うようにして東京で大学生活を送った。卒業後は一度は企業で働いたが、働く人達との繋がりを大切にし労働現場の問題に取り組んだことから短期間の間に仕事の部署や職場を転々と配置転換させられたので、思い切って学生時代からの希望であった教職につくことを決意して愛知県の高校教員に転職した。その後もこれまでの体験を生かして民主的な職場づくりや生徒との繋がりを重視したことが管理主義的な教育をめざす側からは妨げになると見られたのか、教員生活の後半の二校を除いて、しばらくの間は二～三年ごとに転勤になったが、その当時の職場の同僚や生徒達との結びつきは現在も続いている。

学校の転勤では、折角出来た生徒との繋がりや同僚との人間関係が途中で断ち切られてしまい残念な思いがしたが、生徒達は転勤してからも訪ねてきてくれたり、卒業後も集まって私に声をかけてくれたし、こちらからも彼らの仕事や家庭のことで相談がある時には出かけていったり結婚の仲人をしたりして、現在でも子育てや教育のことで相談相手になることも続いている。また職場の同僚との関係は、転勤しても主に労働組合での繋がりを通してどの職場でも信頼できる人間関係ができたし、また教科の研究会などで学校の枠をこえて結びつきを続けていくこともできた。

高校教員の退職後に始めた不登校・引きこもりの子ども・青年達の相談相手になってサポートする取り組みは現在も続けているが、今後もその活動を継続・発展させていくために、現在は私の所属している「あいち県民教育研究所」に数年前に新設された「現代における人間形成」研究部会との共催で毎月一回の集まりを開いている。その会にも私が関わってきた卒業生が数名参加してくれている。

次に、「次世代との関わり」を通して民主的な共生社会を実現していくために各世代が連帯していく上で大切な要点になると思われることを、私の体験から幾つかあげてみる。

（2）「次世代との関わり」の留意点

☆ 戦前・戦中・戦後の激動する苦難の時代を生き抜いてきた高齢者や管理職などの地位にある人達の中には、今の若い世代と関わろうとする時にややもすると目上目線から説教しようとする人達も多いが、それでは現在の競争社会で他人を信頼出来なくなっている世代の人達の心には通じないことも多い。共に現代を生きる同時代人として、対等な人間どうしの相互関係として関わることが大切である。

☆　現代においては科学・技術の急速な進歩・発展が社会や私達の生活にも大きな影響を及ぼしているので、次世代と関わる場合にも、新しい学問・研究やそれを応用した技術を出来る限り学習し身につける努力をすることも重要である。その面では新しい世代に謙虚に学ぶことも大切である。そのためには学び直しや生き直しも必要になってくる。

☆　現代社会においては人々は各人が独自の個性を持っているが、一方では同世代に属する人達は育った時代状況の影響によって共通する面も多い各世代を形成している。

だが社会全体としては世代は連続しているので、各世代が影響し合いながらその時代の社会をつくっている。したがって全ての人間が幸せに生きていける豊かな社会をつくるには、各世代が協力して共に生きていける人間関係と社会のしくみをつくっていかなければならない。それは言いかえると「民主的な共生社会」の建設である。

（3）『民主的な共生社会の実現を目指して』…日本国憲法の理念の実現

前述したように「次世代と如何に関わるか」という実践は、全ての人が人間らしく幸せに生きていける共生社会を目指す現実の生活を通しての社会変革をめぐる闘いである。

それは現在の日本においては、日本国憲法を現実の生活に活かしていく実践でもある。

周知のように日本国憲法は国民主権・基本的人権の尊重・平和主義を基本原理としているが、施行七十年目を迎えた今日、安倍自公政権はこの基本原理に反する改悪を目指して暴走しているので、平和と民主主義をまもる立場からは断じてこれを阻止しなければならない。

また、現在も多くの人達が各自の幸せを求めて苦労しているが、全ての人が幸せに生きていくことが出来るためには、憲法十三条の「個人の尊厳」(=個人の尊重、生命・自由・幸福追求の権利)と同時に憲法が保障している基本的人権(=生存権、労働基本権、教育を受ける権利など)の実現を目指して国民各層が連帯していくことが何よりも重要である。そのためにも夫々が現実の生活を通じて実践していることを交流し支え合うことが大切である。

そこで、現在私が関わっている不登校児(中三)の親子の相談相手になる取り組みを通して、『日本国憲法の基本精神を子育て・教育の中で活かす』実践の一例を次に紹介したい。

その事例とは、中学入学後間もなく担任教師によって授業中に眠っていたので廊下に立たされた男子Aが、その強圧的な対応の仕方によって教師不信に陥り不登校になって長期化していくので、知人の紹介で私に相談してきたのが関わりの始まりであった。

私は初めの間は幾度か家に行って、本人の自主的な学習をサポートしたり、母親の相談相手になったりしていたが、本人は学校での教育のあり方そのものに疑問を感じていて、自分の将来の目標もはっきりしない状態だったので、これからの自分の生き方や目標などを考える上で役立つ本や映画(DVD)を貸して読書や視聴を勧め、彼との関わりがある親族や学校の教師（担任など)にも、その感想などを媒介にして話し合うことを提案した。その時に勧めた本や映画の中から、主要なものの一部を次に紹介する。(一部追加した。)

［子ども・青少年向けの将来の生き方・進路などの参考になる本・映画］

☆『君の可能性』(なぜ学校に行くのか)　斉藤喜博著　筑摩書房

☆『君たちはどう生きるか』(波濤を越えて)　吉野源三郎著　ポプラ社

☆『気高き人びと』(自由の尊さを知る)　林野滋樹著　労働旬報社

☆『世界を動かすことば』(世界一貧しい大統領ホセ・ムヒカのスピーチ)

　　　　百瀬しのぶ作　角川つばさ文庫

☆『世界の歴史』(全15巻)　手塚治虫監修　中公コミックス

☆『はだしのゲン』中沢啓治著　汐文社　(他に映画・DVD・VTRも有り)

☆『スパルタカス』　映画・DVD・VTR

☆『生きること　学ぶこと』　広中平祐著　集英社文庫

☆『いかに生き、いかに学ぶか』(若者と語る)　遠山啓著　太郎次郎社

ちなみに、これらの本の多くは一九六〇年代~九十年代にかけて出版されたものであるが、良書として当時の教育関係者や親達の評判も高く、私も自分の子ども達に買ってやったり高校の社会科の教材や進路を考える時の参考に使用したも

のである。

このような私の提案が与えた影響の中から一つをあげてみると、新しく三年時の担任になった若い教師は、本人の言によると上記の『君の可能性』という本を読んで大きな感銘を受けて、母親の印象では家庭訪問の時に子どもに接する態度が、その気持ちに寄添った、親身な対応になったということである。

最後に、前述した「次世代との関わり」の留意点について重要な点を一つ補足したい。

そこでも指摘したように、それは恰も人生の先輩から後輩への如く年代の上から下へのタテ社会の関わりではなく、同時代人としての各世代の相互関係が重要であるが、更にそれは階級や階層を超えた「いのち」と平和を大切にする人間として平等な繋がりを求めるものでなくてはならない。

その観点からは、とくに社会的弱者(子ども、青少年、高齢者、障害のある人達、貧困層、女性…)の問題を重視することが重要である。また、そのためには国家の枠を越えた国際的連帯が大切である。

第二章

『平和で民主的な共生社会を築く教育を目指して』

…自分史を振り返って

（1）教職以前の時期

①幼少期（〇～九才代）…

戦争によって、記憶から消えてしまった人生スタートの時期

一九三五年生まれの私は、父母が結婚して農家の長男だった父が独学で現在の国家公務員に当たる当時の天皇制任命官僚となり朝鮮総督府に赴任したので、日本が植民地にした朝鮮で生まれて十才の時の敗戦までの幼少期を過ごした。だが

父の度々の転勤による引越しと転校で当時の記憶は殆ど残っておらず人生の楽しかるべき幼少期は白紙状態だった。但し戦争の悲惨さを象徴するような出来事だけは、幼い子どもの心の中の深い傷跡として生涯残っている。その中から幾つかの出来事を次にあげてみる。

一つは小学一年の時の休み時間に遊んでいた時に下肢の複雑骨折をして数ヶ月間学校を休んだ時期があったが、戦争中のその頃の外地(朝鮮の釜山市)の病院は傷病兵で満員だったせいか入院出来ずに自宅で寝ていた。そしてやっと歩けるようになってから父親の転職でソウルの小学校に転校したが、そこでは毎朝全員で長距離の駆け足訓練があり、私はまだ脚が完治していなかったので脱落しかけると伴走していた教師から竹の鞭で叩かれて、恐怖に怯えながら駆け足した記憶が後々までも残っており、また骨折した箇所の接続の不具合のためかその後は走るのが苦手になってしまった。

一九四五年八月の敗戦によって、その年の秋に父の故郷の若狭に一家で引き揚げてきたが、それを境にしてその後の日本全体も私の人生も大きく転換することになった。敗戦直後の出来事の中から当時十才だった私の脳裡に今でも残っている出来事を幾つかあげてみると、天皇放送によって国民に敗戦が知らされてから間もないある日、我が家の真上を低空飛行で通過した戦闘機が数百m先の劇場に墜落して炎上したが、後日大人達から聞いた話では敗戦を悲観した特攻兵が自爆したということであった。その時私は四年生だったが、自分も将来は予科練に行って航空兵になる希望だったので、その悲惨な出来事にショックを受けたのだった。もっとも私が航空兵を希望していた理由は、特攻隊のように国のために命を捧げるという愛国心教育の影響によるというよりは、自爆によって死ぬ時は苦しまずに死ねるだろうと、無邪気な子供心で考えたからであった。

また敗戦時に住んでいたソウルから父の故郷の日本の若狭まで引き揚げる道中で子供心にも不安やショックを与えた出来事としては、乗船する釜山まで夜行貨物列車に荷物同然に押し込まれ、港では何時間も待たされて身体検査を受けた後、九州の港まで連絡船で向かったが、後日大人たちから聞かされた話では乗船予定だった直前に出航した船は機雷にあたって沈んだとのことであった。また引き揚げる道中で大人達の中には将来を悲観して子供を真夜中の海に投げ落とした人もいるという話もあった。日本に着いた後は満員列車で若狭に向かったが、子どもも達は窓から押し込まれた。その時にプラットホームにいた私が持たされていた貴重な薬の入ったトランクを紛失したことを母親から後々まで咎められたことが子供の私にはとても辛かったのを憶えている。なお道中で原爆投下後約三ヶ月経った広島に停車した時に見た見渡す限り瓦礫の焼け野原と化した光景が今でも瞼に浮かぶ。

更にその後も、当時子供だった私が今日まで生きてこられなかったかもしれない出来事があった。それは小学五、六年の頃に小川に魚を捕りに行った時に砂に半ば埋まっていた爆弾を見つけて土手に放り揚げていたことを学校で友達に話していたのが教師に伝わり、授業中に現場まで案内させられたことがあった。不発弾でも爆発する危険性があるのは子供でも分っているはずだと思われるかもしれないが、前述のように私は朝鮮で生まれて敗戦までそこで育ったために空襲は経験していなかったので、錆びた鉄の塊のような外見を見て爆発することはないと思ったのであろう。現在でも戦火の絶えないアジアの貧困地域で子ども達が地雷や不発弾の犠牲になっている報道を見る度に、私のこの時の体験を想い出す。

②青少年期(十代)・・・
自然に恵まれた農村で身につけた生きていく力の基礎

ところで戦後に朝鮮から父の故郷の若狭に引き揚げてきて小・中・高校の時期を過ごした私の青少年期は、戦後の食糧難の時代で、父の実家の家業だった農業に役場務めの父と一緒に子ども達も従事して七反余り(約二千坪)の田畑を耕して生き延びたが、やがて兄達が都会の大学に進学したので残された私と弟妹達はその跡を引き継いで農業と勉学を両立させて生活しながら、やがて兄達に見習って二~三年後には大学に進学した。十代のこの時期の体験がその後の私の人生の生き方に与えた影響の中で特に大きなものは、現在の機械化された農業と違って一鍬ごとの手作りの有機農業によって忍耐力や体力の基礎を身につけたこと、自然の循環を何よりも大切にし効率・利益を優先して自然を破壊する行為は地球の生命の未来のためにしてはならないという生き方の根本を学んだことなどであった。

それで現在でも退職後に知人から頼まれて、百数十坪の畑で無農薬の有機農業をやっている。

また社会のあり方という面では、人間が生きていく糧を生産している農林水産業で働いている人々が社会の土台を支えているのに、その多くの人達は自分が生きていくのに精一杯で将来に希望を持てない状態に置かれており、私自身も含めて若者達が故郷を離れて都会に出て行かざるを得ない状況を身近に見て、このような社会の仕組みは変えていかなくてはならないという信念をその後の人生で持ち続けることになった。

③社会人としての成人期（二十代）…

社会全体の幸福を目指す学習と実践

このようにして自分の人生の青少年期を過ごした故郷を離れて上京して学生時代を送り、続いて社会人としての第一歩を過ごした会社時代を含めて二十代の成人期の私の生き方は、精神面では大学での学習だけでなく日本と世界の現状やその仕組みとそれを理解し変革していく理論なども学んで自分の世界観・人生観を広げ深めていった。その時代背景として大きな影響を受けたのは、戦後の日本の大衆運動として大きな影響を与えた六十年安保闘争と高度経済成長であったが、その後の生き方にとくに影響したのは、ただ現状を理解する頭の中の理論だけでなく現状を変革する実践を重視したことであった。そして自分だけでなく他の人の人格の主体性も尊重して連帯して実践することの大切さを体験したことであった。具体的な例を述べると、入社した大企業で職場の同僚と日本の会社の特徴と問題点や労働法の学習会をしたり、労働組合の民主化のために有志の人達と代議員に立候補したり、職場の民主化のためにサービス残業や雑用の問題などに取り組み改善させたりした。

このような社会人としての日本の大企業での私の生き方は、当時の労使協調主義の典型的な大企業や労働組合の労務管理の立場からは容認出来ないものと危険視されたのか短期日のうちに職場内の異なった部署や遠方の営業所に配置転換となり、職場の同僚との連帯が極めて困難になって、個人としての私の非力さを思い知らされた。そしてこのような社会のあり方を民主的なものに変革していくためには、未来を担う次世代に大きな影響を与える教育のあり方を重視することの大切さを痛感して、大学時代に希望していたのに敗戦後の困難な時代に苦労して子どもを育ててくれた年老いた親の反対によって断念した教職に転職することを改めて決意するにいたった。そして一九六〇年代の高度経済成長期と人口急増期の影響で高校教員の増員が必要とされた時期に愛知県立高校の教職に転職した。

（2）教職員時代とそれ以降の教育実践(三十代～)
教育を通して平和で民主的な共生社会の主権者を育成

このようにして始まった高校教員としての仕事は、六十才の定年退職まで約三十年間続いたが、最初の赴任校が商業高校だったので卒業後は民間企業に就職する卒業生が多く、その次に転勤した学校は夜間定時制課程の工業高校だったのが、愛知県の教育方針で間もなく募集停止になり、続いて夜間定時制の普通科課程の高校に転勤した。この頃の夜間定時制の生徒達は東北地方や九州地方から集団就職で都市の中小企業に就職した者が多く、昼間は労働者として働いていたために学習の面ではいろいろな困難を抱えていたが、社会的には全日制課程の生徒達に比べて大人として成長している生徒もかなり在籍していた。

このように民間企業から高校教員に転職して初めの頃に私が関わった生徒達の出身家庭での生い立ちや将来の進路目標、現在の生活実態などから教師と生徒達との関係もたんに教科内容を教える→教えられるという一方向的なものではなくて、いろいろな課題を抱える現代社会を共に生きていく同時代人としての対等の立場から、先人達が築いてきた価値ある文化を次世代に引き継いで更に豊かにしていくという相互関係を大切にするという点で恵まれていた。その影響もあるのか、この時期に在籍していた卒業生達との繋がりは現在も続いていて、お互いに助け合って生きている事例も多い。

その後の私自身は全日制の普通課程に転勤して定年退職まで三校に勤務したが、大部分の生徒達が全国各地の大学に進学したために顔を合わせる機会は毎年一回の高校同期会に参加した時くらいしかないが、大学での教育や就職、結婚や子育てなどで問題がある時には個別に相談相手になっている。ところで全日制普通課程では大学への進学希望者が多く、そのために受験競争が激化していく影響を受けて生徒達の人間形成にとって大切な生徒会やH・R活動などの自主的活動が困難になる場合も多く、授業の方も受験対策を中心とした教師から生徒への一方的な指導になりがちであるが、私の場合は社会科(公民科)担当だったので「現代社会」の学習では人権・公害などの現代社会の課題をテーマにして自主的な班学習を重視して、その体験から将来の進路に大きな影響を受けた生徒もかなり多かった。

また、在任期間が長かったC高では、生徒会や職員多数の努力によってつくりあげた自主的活動と勉学の両立を目指す校風を背景にして、私が担任を受け持ったクラスでは生徒達が授業についても主要科目の担当を決めて、教科担任に代わって授業をやらせて貰う機会を要望して実施した授業には、多数の生徒達や担当教師からも好評だった例も多かった。

受験競争の弊害が人間形成の上で大きな問題とされている現在の教育状況の中で、生徒が主体になって互いに学び合い成長していくこのような実践が広がっていくのを期待したい。

（あとがき）

現在の日本では世界の中でも高齢化社会が急速に進んで様々な社会問題が今後益々深刻になることが予測されているが、その中でも近年は「格差社会」の問題がクローズアップされてきている。そのテーマについては別の機会に取り上げることにして、この小論ではあまり触れなかったが、本論のテーマの「平和で民主的な共生社会」との関連で核心となる「いのち」の大切さという観点からの「教育」の問題を私個人の自分史を振り返って、この小論を通して実践記録として記述してみた。それで教育職を退職してから現在までの生き方について簡単に述べてこの小論を締め括りたい。

私の場合は、定年退職後から十年程は高校や大学の非常勤講師をしながら不登校や引きこもりの子ども・青年たちの相談相手になってきたが、それとともに保護者や経験者などの集まりをつくり、現在は『あいち県民教育研究所』の部会に「現代における人間形成」研究部会を設立して、それとの共催で毎月一回の学習会と「人間関係の悩み」などについての懇談会を開催している。

そして、それとともに激動する現代の社会を科学的に正しく理解する教育ために、教職について間もなく結成された民主的な主権者の育成を目指す「全国民主主義教育研究会」に加入して、全国の仲間の研究・実践に学んで現在も愛知県の世話人を続けている。

ところで「全ての人が人間らしく生きていける共生社会」を実現していく上で最も大切なことは、いうまでもなく「全人類のいのちを大切にすること」であるが、人類の歴史上で現代ほど人間が他の人間の生命を粗末にし、互いに殺し合う時代はこれまでになかったように思われる。毎日のように世界各地で殺人事件が起き、内戦やテロで途上国から欧米先進国には難民が押し寄せている。また欧米先進国・日本などの国内や国際社会においては格差拡大が深刻な社会問題を引き起こして政治の混迷が深刻化している。その根底には、人々の生活基盤における格差と矛盾の激化があることは明らかであるが、日本ではとくに教育における格差と差別が国民の生活の隅々まで浸透して、不合理な格差社会を再生産している。

それは様々な格差と結びついて人々を分断し、全ての人が人間らしく生きていける共生社会を実現していく上で大きな障壁となっている。そのことが、特に子どもの人間としての成長を妨げているという認識が国民の間でも広がってきて、最近では「子どもの貧困」問題としてクローズアップされ、現在では教育や政治の重要な社会問題として取り上げられるようになってきた。ところが、前述のように教育格差が社会生活における様々な格差や不平等・差別に関連しているにも拘わらず、その教育格差を容認し肯定する人々が多数を占めていることが、最近の世論調査で明らかにされてきた。(ベネッセ教育研究所と朝日新聞の共同調査。二〇一八年四月五日　朝日新聞朝刊) その背景には、現在の日本の「自己責任論」の社会風潮の影響を指摘する見方もあるが、ここでは割愛する。

第三章

未来に生きる青年の社会認識

（はじめに）

現代の日本において、未来に生きる青年たちの教育は、過度の競争主義にもとづく受験教育の弊害によって深刻な危機に立たされている。とくに私が担当してきた社会科・公民科教育においては、主権者として不可欠な社会についての認識の課題について、それぞれの成長の段階で必要な学習が充分になされずに先送りされて、極めて不充分なままで社会に送り出されるために、世の中に出てから自分や社会の将来について考える力が身についていない青年達が増加している。世界の中でも日本の青年の意識の際立った特徴として、これからの社会について希望を持てず、自分の将来について不安を感じている青年が多いことが指摘されているが、それはこのことの表われである。

その根本原因は現代の日本の社会のあり方からきていることは言うまでもないが、社会認識の発達に極めて大きな影響を及ぼす青年期の教育の面から現状を克服していく実践的な努力が、とくに青年たちの教育に携わる者には現在の日本において切実に求められていると言えよう。

この稿では、私の数十年間にわたる公民科(現代社会、政治、経済、倫理)教育のささやかな実践の中から、青年達がそれぞれの成長の節目にこの問題をどのように捉えて、みずから成長していったかを、彼らの書いた感想文やレポートなどをもとに振り返ってみたいと思う。

(1)学習の主体としての社会的意識の発達　~飛躍の転機をとらえて

人間の心身の成長過程には、幾度かの質的に変化・発達する節目がある。

子どもや青年の社会的発達においても、入学や進級などの学校生活の変わり目を転機にして飛躍的に成長する場合が多い。私が高校(一年生)で担当してきた社会・公民科の「現代社会」の学習においては、その内容や方法などにおいてそのことを重視して実践してきたが、それが生徒達自身にどのように受け止められたかを、次にあげる年度末に生徒達が書いた感想文の中から見てみたい。

生徒達は中学三年生でも社会科の公民的分野を学習してきたが、多くの生徒がほぼ同じような内容の「現代社会」の学習と比較してその違いを述べている。

〔資料1〕 生徒の感想文(=「現社」を学んで)より

(A) 私が一年間「現社」を学んで感じたことは、中学で学ばなかったことはもちろん、学んだことについても多くの大切なことを間違っておぼえてきた、ということです。

それに中学よりも本当のこと(事実)を学べたと思いました。

前までは、私は『日本はとても平和な国だ』と思っていましたが、意外にそうではありませんでした。政治でも、環境でも・・・。

とくに政治に関心のなかった私も、授業でこれを教えてもらって関心が出てきて、TV、ラジオなどを見ることが多くなりました。それで気づいたのは、政治・政治家の腐敗です。それに教科書検定についても、とても強い反感を感じました。戦後の日本は文部省の検定になって、しかも表現の自由のおかげで、いろんな事が教科書にのっているようになったと中学校で学んだ気がしますが、それでも結構厳しい検定があるのだとか、戦争中はもっとすごかったとかは教えてくれませんでした。

いわゆる偏差値教育で、社会はおぼえる教科で何も考えることはない、教えてもらったものをおぼえれば点がとれる入試に受かるという科目だと思っていたので、私も含めてみんなが、高校での中学とはちがった授業にびっくりしていたように思います。

中学でやっていた所をもう一度高校で、というのが多かったのですが、なぜか初めて学んだことのように思えてくるほど、内容もなにもかも違っていました。

いま日本は平和か、と聞かれて、中学の私なら平和だと絶対に答えると思います。でも、一年間、現社を学んでみて、いま日本は・・・？と聞かれたら、私は、あまり平和でないと答えると思います。

私は実は中学まで物事を考えすぎて、社会の〝おぼえるだけ〟が苦手でキライでしたが、入学してから私は今まで現社の授業で何かを教えてもらう時が、すごく好きでした。一年間ありがとうございました。

（B）現社は保健や家庭科とならんで、学んでいて役に立つなあと思うものの一つです。中学の時、社会という教科は全くの苦手で、歴史も地理もきらいでした。現社もそんなもんだと思っていたら大間違いでした。

TVやラジオで報道されている世の中の出来事について考えることのなかった自分ですが、新聞を読んでみたり、TVもただ見るだけではなく見ながら考えることができるようになりました。そればかりではなく、家族で白熱した話し合いをすることもあります。

授業については、いろいろな話や資料が多くあってわかりやすかったです。特に心にあるのが、ワイマール憲法が社会主義に走る民衆の防波堤になっているという話の前後の授業を聞いた時、今までの中学での暗記中心の勉強はどれほど無意味に等しかったのかを感じました。

（C）一年間ありがとうございました。先生の授業はとてもすばらしかったです。

中学校までの社会は、ただ単に丸暗記で単語を覚えるだけ、そんな授業に自分はなんの疑問も抱かなかった。

しかし高校に入り先生の授業を受けて中学校までの授業が間違っていたことがわかりました。知識を詰め込み、テストで覚えていたことをただ書くだけ、内容は理解していなくても単語を多く知っていれば高い点数をとることができる、中学校ではこういう風でした。だから自分は社会で起こっている色々な問題にあまり興味がありませんでした。自分のことしか考えず、いま世の中でどんなことが起こっているのか、そんなことはどうでもよいと思っていました。

しかし、先生の授業を受けてからは、今までとは違って社会の様々な出来事に興味が湧いてきました。今まであまり見ることのなかった新聞やテレビのニュースも見るようになり、自分でも色々考えるようになりました。それもこれも先生のおかげです。

中学校では教科書を中心に使っていたのですが、宇野先生は教科書では不充分だといってプリントを配布してくれました。多くの先生がただ教科書通りに教えるだけなのに、先生は私達が大学に入り大人になって社会に出て様々な問題にぶつかっても困らないように、色々な資料を配布してくださいました。宇野先生のような先生がもっとたくさんいれば、世の中はもっとよくなるんじゃないでしょうか。先生、一年間本当に有難うございました。

（D）一年間、現代社会の授業を受けて、私はすごく視野が広がったような気がする。今まで何気なく見ていたニュース、三面記事・・・その一つ一つが意味を持ったものとして私の所へ届くようになったのは、この現社の授業で色々なことを学んだからだと思う。そして一つ一つの事に問題意識をもてるようになった。

さて、今の日本の社会について、私たち若者を含めて日本人というのは、概して政治や社会の動きに無関心だ。はっきり言って、私たちはこの日本社会を軽蔑していると思う。何故ならば、『政治を軽蔑する者は、軽蔑に値する政府しかもてない。』という言葉どおりに、なっているから。今の日本の政治、社会はひどいと思う。官僚主義、政財官の黒いトライアングル、国民無視の政治。そしてアメリカのいいなりになって平和憲法を無視したり…とても嫌悪感を覚えるし、これからの日本はどうなってしまうのだろうと不安になってしまう。できれば眼をそむけたいし、つぶりたいとも思った。

だけど、今の社会がこんなになってしまった原因は他ならぬ私たち日本国民が、この社会に眼をそむけつづけた結果ではないか。だからこそ、今私たちは、この現代を見つめなければいけないと思う。もう一度しっかり見つめて、この社会をより良くするように変えていきたい。

私は現代社会で社会のしくみとかいろいろ学んできて、その度に『今のままじゃいけない』と思ったり、『もっとこうすればいいのに』とか、『本当に大丈夫なのかなぁ』と思ったりしたが、そう思うのは私だけだろうか。

（E）憲法の授業では日本国憲法があれほど深いものとは思わなかったし、その憲法の一つ一つに事件があったとは知らなかった。

これからはそのようなことを新聞などで見つけて自分の幅を広げたい。先生の授業を受けて気づいたことは、自分の持っていた考えが否定されたりしたことです。中学校で習ってきたことは　うわべだけで、知ったふりをしていたが、実はこうなんだ、ということがわかった。

これらの生徒の感想文から読み取れるのは、まず第一に高校入学という彼らの人生の新しいステップをきっかけに、彼ら自身の主体的な学習意識が目覚めたことである。中学三年で公民を学んだ時から僅か一年間の間の彼らの社会に対する意識・関心の飛躍的な発達は驚くばかりである。

二つ目は、詰め込みの受験勉強が、彼らの社会的認識の発達を如何に妨げているかということが、異口同音に語られていることである。勿論、高校受験を前にしたこのような状況のもとにあっても、生徒達の社会的認識の発達の為に創意工夫して素晴らしい授業実践を行おうと努力している教師達も少なからずいることは私も承知しているが、まだそれは全体からみれば少数であり、多くの生徒達に影響を及ぼすことは出来ていないのが現状である。

もっとも高校の現代社会の学習においても、大学受験の影響のもとで、中学公民の場合と余り変わらない暗記中心の詰め込みや表面的な現象の寄せ集めのような授業がなされている場合には、主体的な社会的認識は育たないであろう。

それは、高校教育に及ぼす大学入試センター試験の影響が大きい現状からきている場合が多いが、その内容に対する批判的検討と同時に、それに囚われない授業実践の大切さが問われているといえよう。

第三に、生徒の社会的認識の発達の原動力となるのは、学校や彼らの周りの限られた大人たちから学んだこと、更にはマスコミを通じて知ったことなどを、受身の姿勢でただ鵜呑みにするのではなく、自分自身の目で事実を確かめ物事を批判的にとらえる態度であることを、みずから気づいていく点である。

その為には、いろいろな多くの人達から学ぶことが大切であるが、とりわけ学校での「現代社会」の学習においては、大きなテーマについて仲間とともに学び合う共同学習が大きな影響を与えることを多くの実践例が示している。

(2)「学び合い」の大切さ　〜偏差値競争からの脱却

現在の日本において青年の社会認識の発達を妨げている最大の原因の一つは、前述のように中等教育(=中学・高校)における偏差値中心の受験勉強にあるが、それを克服していくには、大学入試のあり方をはじめとして、教科書の問題、現場の教育実践など多くの困難な課題があることは言うまでもない。

ただ社会認識の発達に特に影響の大きい「現代社会」の学習に関して言えば、全国の多くのすぐれた教育実践に見られるように、生徒たちの学び合いを中心にしたグループ学習が大きな効果をもたらすことが明らかになっている。

ここでは、私が高校の「現代社会」の学習において一貫して取り入れてきた班学習を通じて生徒の社会認識がいかに形成されていったかを、現在最も大きな社会問題の一つになっている「原発問題」のレポートから読み取って頂く為の資料として紹介するにとどめる。

（班学習の具体的なやり方については、紙数の都合で割愛するが、このレポートは、現代社会の諸問題の中の「公害問題」をテーマにした班の「原発」の項目を担当した生徒のもので、今から二十年近く前のものである。その当時高校一年だった生徒たちが、夏休みを挟んで図書館で調べたり可能な限り実態調査して作成したものである。）

〔資料2〕 公害問題　原子力発電について（巻末に掲載）

（3）教師の関わり方

では、生徒が主体的に社会的認識を発達させたり、その為に学び合う過程で教師はどのように関わっていけばよいのだろうか？

高校生の段階になると小中の頃のように教師主導のやり方では、彼らの主体性や真の学び合い(相互教育)は却って妨げられることは当然であるが、かと言ってその反対に生徒達の自由に任せっきりでは、今日のように早い時期から競争主義の教育を受けてきた彼らに本当の意味の主体性や学び合う協同性を期待することは極めて困難である。それ故に教師は年間を通して必要な時期や重要な箇所では適切な指導やアドバイス、サポートなどをすることが必要になってくる。

私の場合は、年度初めの学習の導入として、これからの学習の大切な視点として次にあげる点をたえず念頭において学んでほしいということを、時間をかけて具体的な例をあげながら丁寧に説明するようにしている。なおこの視点は「現代社会」を含む社会科学の分野だけでなく自然科学の分野の学習においても、科学的な認識を深めていく上で大切な「ものの見方・考え方の基礎」として、これまでに多くの人達によって指摘されてきたことの要点を私なりにまとめたものである。

「ものの見方の考え方の基礎」
〔自覚的に　正しく考える〕ことが出来るために大切なこと

①たえず疑問をもって、何故かと問いかける
（学問は「学ぶ」と「問う」の統一）
②自分たちの経験や事実に照らして考える
③多くの事実を関連させて系統的に（筋道立てて）考える
④現象を通して本質をつかむ　（科学的な抽象能力・理論の大切さ）
⑤ものごとを変化・発展するものとして捉える　（とくに人間が関わる社会事象については、現実を変革の対象として捉える）
⑥理論と実践を統一する　（学習の目的は思考力・知恵を身につけること）

更に、現代社会の諸問題についてのグループ学習にあたっては、重要なテーマは教師側から提示して選択肢に入れ、各テーマに関する研究項目はそのテーマの

班の生徒達が話し合って決めるが、重要な内容の項目が欠落しないようにするために、最終決定をする前に私と話し合って了承を得るようにし、その際必要なアドバイスをするようにしていた。

（あとがき）

この稿で取り上げた資料は、私が担当した主に高校一年生の現代社会の時のものであるが、その時の学習がきっかけになって将来の大学での研究や卒業後の進路を選んだという話を聞く度に、青年の未来につながる教育実践の大切さを痛感する。

私は高校の教職を退職後、大学の教職課程の公民科教育法を十年余り担当してきたが、その時に高校の「現代社会」で教材として使ったものも資料として出来るだけ取り入れるようにしてきた。教職課程の単位数の関係で限られた時間数の中で、講義の内容は要点だけをおさえて多くの資料を提供し、それを参考にして学生が自から学習し、テーマごとに小論文を提出するというやり方をとったが、そのような自主的な学習によって学生の社会的認識が如何に形成されたかの一例を示すレポートを紹介してみる。

〔資料3〕「現代における青年の社会的な自立の問題について」

進学率が上昇し、青年が社会的な自立をするまでにかかる時間が長くなってきた。その原因の一つには青年本人の甘えがあると考えられる。しかし、問題なのは本人だけではない。一つ目の問題は両親の過保護である。高度経済成長や少子化により、親は子どもに必要以上に手厚い保護をし、子どもは恵まれた環境で生活するようになった。その中でも、子供の就学年限の延長は同時に親への寄生期間を延ばすこととなり、結果として親の保護を求める慣れを生じやすくしているのだ。二つ目は青年が目的意識をもって生活できるような保障がなされていないことである。経済の不況や競争社会の今、目的意識的に過ごすことは困難となっている。

三つ目は集団と自分の関係に問題があることだ。本来、青年が社会的な自立を実現するためには集団の存在を欠かすことはできない。家族だけでなく地域・学校や職場など交わってきた集団の生活を通して、自分の人間像を描くとともに自分のありようをつかんでゆくのだ。しかし現代の青年には集団ぎらいの傾向がある。自分の要求はあっても、それをテレビなどのマス・メディアによって類型化された方法でしか表現できなかったり、自分を集団に埋没させ、個人の理性的な問いを打ち消してしまったりしている。結果的に彼らの想像力が貧困になり、無責任な態度で事をはこんでしまう傾向になりつつあることを示すものなのだ。

最後に、今日の日本社会に問題があることを忘れてはならない。高度成長から低成長の経済となり、青年が自立しようとしても生活していく力は弱いのである。若年の低賃金の固定化、雇用不安、要求のおさえこみ、競争の激化など社会の状況は厳しい。このように青年がつきあたってしまう壁はいくつもあるのだ。(大学二年女)

そこには現代の日本の青年の社会的自立を困難にしている状況の原因がいろいろな視点から捉えられ、その課題に取り組む青年たちの社会的認識の発達が読み取れるであろう。ちなみに、このレポートも前述の高校一年の「現代社会」の原発問題のレポートも今から十数年前に私が現役の教職時代に書かれたものであることを思う時、青年の現在と未来を見通す力が、その社会科学的な認識と如何に深く関わっているかを改めて考えさせられる。

第二部

（はじめに）

第一部では前述のように、八十歳を過ぎて人生の終末期を控えた私が自分のこれまでの生涯を振り返って、その生き方の理念としてきた「全ての人が人間らしく幸せに生きていける共生社会」を目指してどのように生きてきたかを基軸・筋書きにした生活実践を中心にした内容を述べてきたが、そのような理想の社会を実現していくには多くの人達がその理想に共感して力を合わせていくことが必要であることは私自身もよく分かっている。

そこで第二部では、そのような社会の本質的な核心である「生命の尊厳」に関わる問題とその社会を実現していく上での人間の生き方（＝それぞれの人間と人間関係）の問題を中心にして、実践的な課題を中心に述べてみたい。

さらに『全ての人間が幸せに生きていける社会』を実現するためには、前述したようにとりわけ『社会的弱者』が当面している苦難や課題を重視しなければならないので、本稿ではその中から子ども・青少年達の「不登校・引きこもり」の問題と全世代にわたる様々な階層の多くの人々の生き方に関わる「自立と連帯」

の課題をとり上げることにした。

尚、第一章　生命の尊厳、第二章　青年時代の原稿は、文末に記した通り、五十年程前に夜間定時制課程の高校の在任中に校誌に投稿したものであるが、現在の社会状勢は大きく変転しているとは言え、そこで取り上げた問題はこの本の文末の「あとがき」でも「生命の尊厳」の問題について述べたように益々深刻になっているので、この本では当時の原稿をそのまま掲載することにした。

第一章　生命の尊厳

…「全ての人が幸せに生きていける社会」の核心となる理念

近頃「昭和元禄」とか、「平和と繁栄の大国日本」とかいった言葉をよく耳にしますが、日本の現実の姿はどうでしょうか？　はたして、私たちの毎日の生活の現状は、平和で豊かなものとなってきているのでしょうか？　私にはどうしてもそのようには思われません。

それは、人間にとって最も大切なはずの生命(いのち)が、現在の日本ではたえず危険にさらされ、粗末に取り扱われているからです。もしこれが私一人の思い過ごしだとしたら、そんな幸いなことはありません。

しかし私たちは、いつも現実を厳しく見つめ、そこから出発しなければなりません。

例えば、日々の新聞の社会欄を見てみましょう。いま、私の手元にある新聞の社会欄の見出しだけ拾ってみても…、☆凶悪殺人事件として、「多摩川の生首事件（‥中略‥）、犯人の車を静岡で発見」「幼児殺しは中学生(姫路)」☆…子を道連れ、心中相次ぐ…という見出しで「(千葉) 昇進が重荷の支店長、妻子を殺し鉄道自殺」、「再婚で夫婦仲悪い父親・長男刺し首つり」、「物価高になじめず、東京でも母と子ども二人が心中…米びつはカラで子どもにこの日は夕飯は食べさせていなかった。…」「病死の夫を慕って…群馬では母子が命絶つ」☆交通事故関係としては、「はねられ重傷(四十三才会社員) 大府で… 車は逃走」「主婦ら四人重軽傷(春日井)」など、なんと社会欄は全面が凶悪な殺人事件、自殺と心中、交通事故、それに盗みなどの犯罪で埋まっています。

戦前ならこのような凶悪殺人事件や一家心中などは、数年に一度あるかないかの大事件であり、新聞のトップ記事として長い間世間を騒がせたものでした。ところが今日では、このようなことは何も珍しくなくなってしまいました。ほとんど毎日どこかで起こっているし、余り人々の関心も惹かなくなっています。このことは、これらの出来事がもはや単なる「偶発事件」ではなく、一つの「社会現象」となっていることを意味しています。以前にはこれらの「事件」はある特殊な事情・原因から起こっていたのが、現在では、その原因が社会全体の底に拡がり、起こるべくして起こったとも言える当然の出来事となっているのです。ここに事態の深刻さがあるのです。

しかし、それ以上に深刻なのは、多くの人々が、このように人間の生命が粗末に扱われていることに対して、別になんとも感じなくなっているということです。先日の新聞で、高速道路で交通事故が起きて重傷の怪我人が何人か出ているのに、助けを求めて合図をしても、通り過ぎる車はどの車も止まってくれず、とうとう最後にバスが通りかかって、やっと助けてもらった、という記事を読んで何だか背筋が寒くなる思いがしたことがありますが、人々の人間らしい心がだんだん蝕ばまれ、知らない間に腐っていって、無感覚になってしまっているのではないでしょうか。もし、そうだとしたら本当に恐ろしいことです。

いったい何故このようなことが起こるのでしょうか？　自殺や心中にしても殺人にしても、窃盗やその他の犯罪にしても、また交通事故にしてもそれぞれの場合に何か原因があり、さらにその背後には広く深い社会的背景や根本原因がありま す。そして人々がこのような人命軽視に慣れっこになってしまっているのも、現在の風潮というか人々の考えに大きな影響を与えている現在の世相というか、そういうところに原因があると言えましょう。

言うまでもなく、最も残虐な人命の大量破壊は戦争です。戦争の悲惨さは、太平洋戦争を体験した世代の人々の脳裏には焼きついているはずです。ところが近頃になって「今や戦争を全く知らない世代が成人として育ってきている。戦争はもはや過去のものとなってしまった。もう『戦後』は終わったのだ。」という議論が盛んに聞かれるようになりました。

「沖縄も返ってくる。平和な日本で、今だに戦争の悲惨さを強調するのはよろしくない。」という議論もあります。果たしてそうなのでしょうか？

今のこの瞬間でも、ベトナムでは多くの人命が失われているのです。ナチスのユダヤ人虐殺を凌ぐ残虐さとさえ云われるソンミ村をはじめとするベトナム各地での米軍による大量虐殺事件、これが現在の世界で、しかも日本が深く関わりあっているベトナム戦争の中で行われているのです。またイスラエルとアラブ連合の間でも一触即発の状態で度々火花が散っています。極東でも、朝鮮(=北朝鮮と韓国)の国境をめぐって、再び緊迫した空気が強まってきています。

そして日本では、映画やテレビ、少年雑誌にいたるまで、戦争ものが氾濫しています。

また、何の理由もなく犬ころのように簡単に人を殺すギャングものや時代ものチャンバラも氾濫しています。

このような中で、人間の生命の一つや二つが失われても何とも感じないような風潮が作り出されているのではないでしょうか？　先程の新聞記事のように、中学生が犬でも刺して切れ味を試すつもりで持って出たナイフで、通せんぼをした幼児二人を、カッとなって刺し殺したという悲惨な事件は、このような風潮を象徴しているとも云えましょう。

しかもその上、現在の日本で私たちの周りを見ると、人命が絶えず危険にさらされ、粗末にとり扱われている現実がなんと多いことでしょうか。

急激に増加する交通事故…今のままで推移するなら、今後十年もしない内に交通事故に遭うものは一〇〇〇万人に達するということです。

労働災害も激増し、年間一六〇万件以上も起こっています。労働災害による死亡者数は、一九六〇年以後、毎年年間六〇〇〇人台を続けて、一日平均 十七人の人命が失われています。

その他、職業病・公害などによる健康や人命の破壊も益々深刻な社会問題となっています。

交通事故や労働災害も、職業病や公害も、自殺や殺人、その他のあらゆる犯罪も、全て私たち人間の社会で人間によって起こされていることです。それらは決して、避けることの出来ない天災ではありません。

それによって苦しめられている私たちみんなが、お互いに人間の生命の尊さを改めて噛み締め合い、かけがいのない生命の尊厳と人間としての誇りを守るために、これを否定し軽視したりするものと勇気を持って闘っていく中でこそ、はじめて真に平和で豊かな日本が実現することでしょう。

たしかに、それには多くの困難が伴うことも事実です。「戦争反対」を口にすることが、何か片寄った危険な思想であるかのように見る風潮が、この頃またもや社会の一部に出てきました。このような状態が拡がれば、もはや『戦後』ではなく『戦争前夜』であるとも言えましょう。また、労働災害や職業病の問題にしても、自分の職場で取り上げるには、相当の勇気と覚悟がいることでしょう。

しかし、人間の生命の尊厳を守っていく上で、これらの困難に負けてしまったのでは、私たちの毎日の生活は不安に覆われ、生きがいもなく、場合によっては自ら暗黒の世界に転落していったり、最後には追い詰められて自分の生命を断つことにもなりかねません。

その反対に、このような困難にも打ち克って、場合によっては自らの生命をかけてまで、人間の生命の尊厳と人間としての誇りを守ろうとするものこそ、人間の生命の尊さをも理解出来て、生きる喜びに満ちた毎日を過ごすことによって真に誇りある人生を送ることが出来るでありましょう。

今こそ、失われていく『人間の生命の尊厳』の回復を目指して、みんなが力を合わせて立ち上がろうではありませんか。

（愛知県立名古屋西高等学校・定時制　校誌『ともしび』No.20より）

第二章　青年時代

…社会における各世代の関わりと青年の特質

よく「未来は青年のものである」とか「老人は過去に生き、成人は現在に生き、青年は未来に生きる」とかいわれる。

たしかに、われわれの周囲を見まわすと、人間も五十代を過ぎる頃から、口を開けば「過去の良き日々」の想い出を語り、あるいは遠い昔の苦労を思いおこして、われとわが心を慰めることが多くなるし、三十代・四十代になると現在の社会の中堅として、いかにして自分を現実と調和させ、いかにして現在の世の中を上手にわたれるか、ということに最大の関心を持ち、淡々としている大人たちが多い。また、十代二十代の青年には、どんなに現実が厳しくとも夫々の未来に夢をもち希望を託して楽天的に生きている姿も多いと云えよう。

しかし、このような特徴をもった老人・成人・青年の生き方のちがいは、単に世代の相違だけで決まるものであろうか。私は、そのように思わない。単調で平穏な時代ならいざ知らず、現代のような激動する時代にあっては、必ずしも年齢の違いだけで人の生き方を区別することは出来ないと思う。

一九四五年八月、第二次世界大戦に於ける敗戦を契機(さかい)にして、わが国の社会は急激に変わった。今まで、強大な力をもって国民の上に支配していた軍国主義的天皇制は解体され、絶対の権威持っていた価値は次々と崩れ去っていった。当時の大人たちは、しばらくの間は、何をよりどころにして生きていったらよいか分からなくなり、社会は一時混乱状態に陥ったようであった。しかし、その中から、過去の過ちを深く反省して、新しい時代の方向を真剣に求める大人たちも沢山出てきた。それらの大人たちの中には、現在すでに六十才・七十才になっていても、青年達とともに未来に希望を託し、平和と民主主義の日本の建設をめざして余生を捧げて奮闘している人達もかなりいる。これらの人々は、かりに年齢は老年であるとしても、人間としては若々しい生命力もっているといえよう。

また、成人たちの中には、人間が成長し社会が発展していく上で、どうしても克服していかなければならない問題に真正面からとりくむのを避けて、常に現実に妥協して生きている者が多い。そしてこのような自分の姿を合理化し、誤魔化すために、かつてあれほど誇らしげに語っていた「理想」とやらは何処かにしまい込み、あるいは投げ捨ててしまって、ことあるごとに、「それはあくまで理想だ、現実は理想どおりにはいかない」という決まり文句を繰りかえす。このような人達は、もはや現実を発展させる力を失っている。ただ惰性で社会の激流に押し流されて生きているにすぎない。しかし、成人たちの中にも先人たちのすぐれた遺産を受け継ぎ発展させるために、そして自分達の後輩や子ども達が幸せに生きていける社会をつくるために、現在の苦しさを乗り越えて、わが身をかえりみず日夜努力している人達もいる。このような人達こそ、真に社会を発展させる中心の力となり得るのであろう。

また一方では二十代前後の青年でありながら、借りものの考えで自分の頭を固めてしまい、現在の世の中をどうやって要領よく泳ぎまわれるかという処世術だけにたけていて、ずるくて、無気力で、自分のことしか考えないくせに人の顔色ばかりをうかがって小心翼々と生きている、そんな青年たちも沢山いる。また、諦めとやけくその中で、現在だけ良ければよいと刹那的なよろこびだけを求めあるく青年たちも増えている。このような青年たちは、いかに年齢が若くともその心はひからびて老人のようである。彼らにはもはや、人間としての成長は望めない。

このように見てくると、人間の生き方は決して年齢で決まるものではなく、自分自身と自分の住む社会にたいしてどのような態度をとるかということによって決まってくるといえよう。

「青年は未来に生きる」「未来は青年のものである」といっても、ただ何もしないで待っていても、自分たちの望む未来はやってこない。現実の問題に目をつむり、ひたすらに未来に夢をえがいて、現在を耐えて忍ぶだけでは、幸せな未来はやってこない。人々が自主性、主体性をなくした時、そこに与えられた未来がどのように暗く悲惨なものであるか、このことは過去の日本を見てみればあまりにも明らかであろう。

自分たちの望む未来は、青年たち自身の手で作っていくものである。

従って、真に生きがいのある人生とは、過去を無視し、現実を一切否定し、未来の夢だけを求める生き方からは生まれない。

人間とは、過去と現在と未来を統一した存在である。過去を背負いながら、その中からすぐれた経験をくみとり、それを発展させて、たえず未来に向かって自分の現在を生きぬいていくのが人間の本来の生き方である。そのためには、歴史(社会)の発展の方向を正しくつかみ、未来を正しく見通せる力を養い、それを実現していく実践力を身につけていかねばならない。

このような生き方を真剣に貫いていこうとすれば、たしかに多くの困難にぶつかり、次から次へと悩みも出てくることだろう。しかし、絶えず未来に向かって、現実の矛盾を一つづつ克服していく中でこそ、人々は成長するのである。つねに困難を避け、一切の悩みという悩みから逃げまどう青年は、青年らしさを失い、ついには人間としての素晴らしい価値をも失ってしまうだろう。君たちは、つねに勇気を持って、自分たちの素晴らしい未来をつくり出していく青年の逞しさと、人間の美しさを持ち続けてもらいたい。

(愛知県立名古屋西高等学校・定時制　校誌『ともしび』No.19より)

〔資料4〕［青年］の参考資料

　私がこの小論を書いたのは、今から五十年程前に在任していた県立高校の夜間定時制課程の校誌に寄稿するためであったが、その後二十年程して日本で刊行された『幻の詩人』と言われたサムエル・ウルマンの『八十年の歳月の頂きから』という詩集の冒頭に掲げられた「青春」という詩に出会い、私が拙い小論で伝えたかった思いが、これほど優れた表現で表されているのに深く感動した。その後退職してから私が関わってきた引きこもりの青年や「老い」を嘆いている高齢の人に、ウルマンのこの詩を紹介したところ、多くの人達が大変感動させられたことを伝えてくれたので、ここにその詩を紹介することにした。

『青春』

青春とは人生のある期間ではなく
心の持ちかたを言う。
薔薇の面差し、紅の唇、しなやかな手足ではなく、
たくましい意志、ゆたかな想像力、炎える情熱をさす。
青春とは人生の深い泉の清新さをいう。

青春とは臆病さを退ける勇気、
安きにつく気持ちを振り捨てる冒険心を意味する。
ときには、二〇歳の青年よりも六〇歳の人に青春がある。
年を重ねただけで人は老いない。
理想を失うとき初めて老いる。
歳月は皮膚にしわを増すが、熱情は失えば心はしぼむ。
苦悩・恐怖・失望により気力は地に這い精神は芥《り》にある。

〔脚注〕
芥《あくた》↓塵《ちり》のこと

六〇歳であろうと一六歳であろうと人の胸には、
驚異に魅かれる心、おさな児のような未知への探究心、
人生への興味の歓喜がある。
君にも吾にも見えざる駅逓が心にある。
人から神から美・希望・よろこび・勇気・力の
霊感を受ける限り君は若い。

霊感が絶え、精神が皮肉の雪におおわれ、
悲嘆の氷にとざされるとき、
二〇歳であろうと人は老いる。
頭を高く上げ希望の波をとらえる限り、
八〇歳であろうと人は青春にして已《や》む。

（『青春とは、心の若さである。』サムエル・ウルマン著、
作山宗久訳　角川文庫より）

〔脚注〕
已《や》む→（続いているものが）
終わりになる

第三章　不登校・「引きこもり」と現在の日本の社会

はじめに

私は教職を退職してから今迄十余年間、不登校の子どもたちや引きこもりの若者たちの相談・サポート活動に関わってきたが、その間にこの問題は益々深刻になってきている感がする。

本人や親（家族）などの当事者にとってその状況が深刻な問題であることは言うまでもないが、十万人を超える不登校の小中学生（二〇〇七年度約十二万九千人＝文科省・学校基本調査）、五十万～百万人ともいわれる引きこもりの若者たちの現在と将来を考えると、それはもう当人や家族の個人的問題だけでなく、現在の日本の社会の重大な問題であることは明らかである。

本稿では、この問題に対して現在の日本の社会にいまだに根強く存在している世間の偏見や誤解を問い直し、苦悩する本人や家族の立場に寄り添いながら現状をどうとらえたらよいのかを考え、困難を乗り越えていくきっかけを掴むのに役立つ視点の幾つかを述べてみたい。

しかも、それを単に当事者の問題としてだけでなく、現在の日本の社会のあり方とも関連させせながら考えていきたい。

Ⅰ、不登校・「引きこもり」をどう捉えるか

(1) 世間一般の偏見・誤解

まず始めに、不登校の子どもたちや「引きこもり」の若者たちが、世間から偏見の眼で見られているせいでどれほど苦しんでいるのかを知る為に、いまだに多くの大人達が持っているこれらの子どもや若者に対する偏見や誤解を問い直し

てみたい。

引きこもりの体験を持つある青年は、世間一般の「引きこもり」に対するイメージを『働きもせず、学校にも行かず、親に甘え、やる気もなく、楽をして休んでばかりいる。怠け者で、時には犯罪まで起す理解不能などうしようもない連中』と表現している。

これは本人が受け取っている感じであるが、彼らに関わっている多くの人達（家族、精神科医・カウンセラー等や民間の支援している人達など）も同じような世間の人々の偏見を指摘している。上記の他にも例えば、「本人が弱いから不登校や引きこもりになるのだ」「親が甘やかすからだ」「我慢や努力が足りないのではないか」と云うような感想を持っている人達が私達の周りにまだ沢山見受けられるのではないだろうか。

しかも、時には本人自身や家族などの当事者や彼らと関係の深い学校の教師の中にすらこのような誤解を持っている人達もいることが事態を一層困難にしている。

（2） 実態（実像）はどうか

　ところが、不登校・「引きこもり」に対するこれらの非難めいた見方は多くの場合に実態からかけ離れた、場合によっては寧ろ正反対の見方をしていることも多い。そのことを本人の立場や彼らの支援に日常的に関わっている人達の見解から見てみよう。

①「甘えている」という見方に対して～多くの場合、本人も決してこのままでいいとは思っていない。何とかしようと思っているが、それが出来ず、焦燥の中で疲れ、誰にも助けを求められない状況にある。寧ろ、不登校や引きこもりは親や他人に甘えられない（甘えられなかった）人達が多い。もっとも、このような誤解の背後には、「甘えさせる」と「甘やかす」を混同している場合も多いようである。確かに親の「甘やかし」や「過保護」が子どもの精神的発達を妨げ、その未熟さのために厭なことは我慢出来ない子になってしまうというのはよく見られることであるが、その場合の「甘やかす」という言葉は「子どもの欲求を安易にかなえてやる」とか「子どものぶつかる困難や不満を親が代わって解決してやる」

などの意味で用いられる事が多く、それでは子どもの自立が損われる。それに対して、子どもが自立の途上で辛い目にあったり、寂しくなったり不安になったりした時に、親がその気持を受けとめて包み込み、支えてやることによって、子どもが安心して元気を回復できるようになる為には、時には親が「甘えさせる」ことも必要なのである。＊注1）

②「怠けている」という見方に対して～本人もこの状態から何とか脱け出したいと思っていて、それが出来ない自分を責めている。外からは何もしていないように見えても、一瞬たりとも気が休まらない。とくに就職しようとする場合は経歴書の白紙が不利になり、長期化するほど見込みが少なくなり悪循環していく。もともと不登校や引きこもりになるのは、真面目過ぎる性格の人間が多いのである。

③「贅沢病」という見方に対して～現在の日本の状況では当事者は経済的にも精神的も余裕がない人が多い。引きこもりが長期化すれば、収入もなく「何かをしたい」「何かを欲しい」という欲求も低下していく。家族についても、決して経済的に裕福な家庭でなり易いとは限らず、平均的な家庭が多く、三十～四十才代の長期引きこもりの場合は親が年金暮らしの生活をしていることも多い。＊注2）

もっとも、社会現象として見れば、多くの「引きこもり」の存在を可能にしている現在の日本社会は、社会全体が貧しかった時代に比べれば、ある意味では物質的に豊かになったと云える面もあるかも知れないが、引きこもりの本人は全く豊かではないと云えよう。

『自分を守ろうとするとお金が稼げない。お金を稼ごうとすれば自分が守れない』と体験者の上村和樹氏は述べている。

④何をするか分らない「犯罪者予備軍」という見方に対して～この偏見は一九九〇年代に青少年の凶悪事件が相継いで起きた時に、その幾つかのケースが「引きこもり」の若者が犯人だったことをマスコミがとくにクローズアップした影響が大きいと考えられるが、現実の「引きこもり」の若者の大部分は、『同じ年頃の若者の中では、人を傷つけたり、犯罪を起すことから一番遠いところにいる人たちである』(関口　宏氏)ことを彼らと深く関わっている多くの人達は実感している。そのことを自ら体験者だった市野氏は『家から外に出られないのだから、犯罪を起す機会も少ない』ことは、よく考えれば分ると単純明快に言い切っている。

⑤「現実から逃げている弱い人間」という見方に対して～寧ろ「強くあらねばな

らない」という強迫観念にとらわれて自分の限界まで越えて頑張り続けた結果、破綻して不登校・引きこもりになるケースが多い。また、将来予想されるさまざまな苦難を心配しながらも、自分を守るために敢えて不登校・引きこもりの選択をするという強さを持っているとも言える。

(3)「引きこもり」とは

これまで見てきたように、不登校や引きこもりが大きな社会問題になっている現在においてもいまだに世間一般の偏見や誤解が多いのは何故だろうか。それは一つには、それを見る人の人間観・社会観が影響していることもあるであろうが、何よりもその個々の具体的な態様が多種多様であるために、その現象面に囚われてしまって、本質的な特徴が正しく理解されていないことにも大きな原因があると思われる。そこで、ここでは先ずその本質的な特徴について考えてみたい。

今日では、不登校については世間一般に認識が広まり、文科省の基準もかなり知られるようになって、ほぼその概念が明らかになってきているので、ここでは「引きこもり」についてその概念（定義）を検討してみる。（但し、私見では、不登校に関しても一般的に見られるその概念にはいろいろな問題点があると思われる。例えば、「保健室登校」「非行」「怠学」などは入れない、欠席日数の基準、高校の場合は全国的に実態が明らかでなく、中退が多い…など）「引きこもり」について、日本でその存在が世間で注目されるようになった一つのきっかけになったのは、精神科医・斎藤環氏の著書「社会的ひきこもり」（ＰＨＰ新書）であるが、それによると彼は次のように定義している。

『二十代後半までに問題化し、六ヶ月以上、自宅にひきこもって社会参加しない状態が持続しており、ほかの精神障害が第一の原因とは考えにくいもの』

厚生労働省が二〇〇三年に出したガイドラインの基準＊注3）もほぼそれに近いものになっているが、「引きこもり」を社会問題として認知したことの意義は大きい。

その他にも多くの精神科医やカウンセラーなどの専門家達もこの問題について論じているが、その中にはこの問題の本質をどう捉えるかの違いから、その範疇については若干の違いが見られる。例えば外面的には社会参加している「情緒的引きこもり」＊注4）や「潜在的引きこもり」も含める見解もある。但し、これらの心理療法の専門家達の多くは、引きこもりを「心の病気（病理）」として捉えている点では共通しているように思われる。

これに対して、引きこもり本人やその支援活動をしている人達の場合は、その実態を踏まえて、形式的な基準よりも本人の「生きづらさ」の方をより重視していることが多いように思われる。例えば、体験者である市野善也氏は、それを『本人は苦しくて、このままではいたくないが、本人がいくら努力しても抜け出せないがゆえに、その苦しい状態が永久に続いてしまう状態』と定義している。

また、精神科医・臨床心理士でありながら市民ネットワーク等の地域に根ざした活動をしている関口宏氏は、その「苦しさ」を体験者が『まるで、全身をラップでぐるぐる巻きにされたようで、身動きもできなくて、ひたすら苦しくて、苦しさのあまりただ寝ているしかなかった。…食べて、息をして、排泄する、ただそれだけで、へとへとになってしまう。あまりに疲れるから、毎日十六時間くらいは寝ていた。…（そのころの心理状態は）まるで産卵する鮭のように急流を必死になってさかのぼっている。ただひたすら、みんなのいるはずの上流に向って、もどろうもどろうと焦っている。その急流をさかのぼる努力をやめてしまえば、あっというまに押し流されて、どこかわからない場所につれていかれてしまう。それが怖くて、ただひたすら、前へ前へと進もうとしている』と表現している言葉を紹介しながら『ひきこもりの問題の本質とは、学校に行っていない、仕事をしていないという社会的な「自立」をめぐる問題なのではなく、誰ともつながれずに孤独にいるという社会的な「孤立」の問題なのだと思います。もう一生誰とも会話できないのではないか、もう誰ともつながれないのではないかという深刻な孤立感の中で苦しんでいるのです。』と述べている。

この相違はその立場の違いからきていると思われるが、より本質的な問題として「心の病気とは何か」「それを『治す』とはどういう意味か」などの重要な問いかけに関連していると云えよう。

（4）「引きこもり」の原因について

不登校や引きこもりになった場合、本人や親は、どうしてこんな事になったのか、本人に問題があるのか、それとも親の育て方が間違っていたのか、或いは「いじめ」など他に原因があるのか、もっと大きな社会のあり方に問題があるのではないか、などを日夜苦しみながら考える。そこで、このように私達が不登校や引きこもりの原因について考える場合に大切な幾つかの点を次にあげてみる。

①個々の個人的な原因とその社会的な原因（背景）の両面について捉え、しかもそれを関連させながら考えること。

まず、個人的な原因についてみると、その原因は百人百様であり、その上多くの場合に幾つもの原因が重なり合っていて特定し難く、本人でさえはっきり分らないこともある。さらに、決定的な原因がはっきりしている場合は別として、本人の思いも時によって変化することもあるので、原因の特定にこだわるよりも現在をどうしていくのかを考える事の方が、事態を改善していく上ではより重要である。寧ろ大切なことは、斎藤環氏も指摘しているように、長期化していく場合

には共通の特徴や問題点が多いのでその点を重視することである。＊注5）

ところで、その個人的な原因をどれだけつきとめていっても、根本の原因がはっきりしなかったり、本人と親、家族どうしの責任の押しつけ合いになったり、場合によっては学校や会社などの関係者との非難の応酬になってしまう事もかなり多い。

それは個々の個人的な問題の背後にあるより広い社会的な原因・背景が見えていない事からきている場合もよく見受けられるので、次にその面について考えてみよう。

今日、これだけ多くの子ども達や青年が不登校や引きこもりで苦しんでいるのは、もはやそれが特別の者の問題ではなく、状況によっては誰にでも起こり得る問題であることを意味していると言えるであろう。

現在の日本で不登校や引きこもりの子ども・青年が数多く見られるようになった社会的な要因としては、日本の社会のあり方と、それに深く結びついている学校や家庭の教育・子育てのあり方に問題があることを指摘する意見は多い。

その代表的な見方の一つは、高度経済成長を推し進めた日本の企業や国家が社会と学校教育や家庭の子育てに与えた影響に注目するものである。＊注6）その表現の仕方や強調点には様々な差異があるが、その本質的な特徴点は次のように要約できよう。

即ち、大企業の支配する社会の弱肉強食の競争原理とそれにもとづく能力主義や管理主義・画一主義が学校の教育や家庭の子育てに大きな影響を及ぼし、子どもや青年たち一人一人の人間としての成長を困難にし、生き辛くさせているために、自分を失うまいとして不登校や引きこもりになる子どもや若者達が増えていくと見る。

このような傾向は、この数年の間に「新自由主義」といわれる弱者切り捨ての競争原理が日本の政治・経済・社会や教育に持ち込まれるようになって一層顕著になってきたと言えるであろう。この点に関連して、高塚雄介氏が『「ひきこもり」の中核は、自立を最優先する自己強化型社会が抱える落とし穴にはまってしまう人たちである』と述べて、前提条件抜きに自己決定・自己責任を強要する現代の日本の社会のあり方に「引きこもり」の心理の背景があると見ているのも大切な視点であろう。

ところで、諸外国に比べて日本で不登校や引きこもりが大きな社会問題になっている点に注目して、服部雄一氏は、その背景に個人の自由や感情などを否定する日本人の文化的な特徴を指摘しているが、この点も社会のあり方を考える上で参考になるであろう。

②「原因と結果」や「原因と動機」の違いを見極め、取り違えないようにすること。よく見られるのは、現在表面に現れている現象や直接の動機となった事柄に囚われて、その背後にある根本の原因を正しく捉えないことから生じる混乱や間違った対応が状況を長引かせ、一層悪化させていく事である。その中でも特に問題を指摘したいのは、前述のように精神科医などの治療専門家の中には不登校や引きこもりは本人の回避性人格障害・対人恐怖症やＰＴＳＤ、強迫性障害などの精神疾患から起きていると捉えている者も多いことである。実際には、その多くの場合は不登校や引きこもりが原因で起きた派生的・二次的な症状であるのに、長期の薬物療法や心理療法を続け、却って依存症などの困難な状態を引き起こし、それが引きこもりを更に長期化するという悪循環に陥っている場合も多い。これなどは、原因と結果を取り違えた間違った対応の弊害の例であろう。

また、不登校や引きこもりの直接の引き金になった動機が学校や職場の人間関係にある場合でも、それが別のところに変わった後でも同じような状態が度々起きる場合には、本人の対人関係や日本の学校・職場のあり方により根本的な原因がある場合も多いので、同じことを繰り返して益々悲観的にならない為には、動機と原因を混同しない対応が大切である。

③不登校と引きこもりの関係を考える場合に、短絡的・直線的に結びつけることなく、その条件の違いなどを正しくとらえて対応していくことが大切である。

現在不登校中の子どもの親の多くが、この状態が長引けばそのまま引きこもりになってしまうのではないかという不安を抱いている。「不登校は引きこもり予備軍」という捉え方がそれに拍車をかける。確かに、不登校もその態様から見れば学校という一つの社会との関わりに限定されている点を除けば、引きこもりの一つの形態と見ることも出来るし、その心因としては多くの共通点を持っているのも事実である。

しかし、学校は子どもの人間的発達を目指す教育という特別の目的を持った組織・社会であることを考えた時、現在の日本の学校教育をめぐる問題状況に不登校の直接の原因がある場合には、それがそのまま将来の引きこもりに繋がっていく必然性はないと見るべきであろう。但し、不登校の時の対応が正しくなされない場合には、引きこもりに繋がって行く場合も少なくないことは事実である。＊注7）調査例では、引きこもりの中で不登校経験者の率が高いのは、その事を意味していると思われるが、それとともに夫々の個人的な原因だけでなく、その背景には現在の日本の社会と教育のあり方の中に不登校と引きこもりの原因に繋がる共通の問題がある事をも表わしていると考えられる。＊注8）

（5）「引きこもり」をどう捉えるか

①　「引きこもり」は病気か？

前述したように、精神科医などの「治療専門家」には「引きこもり」を個々人の心の病気・病理と捉えている人が多いように思われる。もっとも、その中には本人の精神的特質が引きこもりの原因となっているという見方や、引きこもりそのものは病気ではないが、長期になると二次的・派生的にさまざまな病状が生じてくると見る見方など色々な違いが見られる。

これに対して、「引きこもり」の多くは個人の心の病気ではなく、寧ろ本人を取り巻く家族や社会の病理の現れであると見る見方がその対極にある。

また、上の二つの見方はいずれも一面的な見方に陥っているとして、社会や家族の病理現象が個人の内面に影響を及ぼし精神的な障害を生じさせていると見る見方もある。この見解は多くの人が納得し易い見方だと思うが、「引きこもり」の本質をより精確に表わすとすれば、それは「本人をめぐる人間どうしの関係性の障害である」と私は捉えたい。

この問いかけと、それに対する見解の根底には、「そもそも『心の病気』とは何か」、「その『治療』とは何を意味するのか」などの根源的・哲学的なテーマがある*注9)が、それはさて置き、むしろ私達に関心があるのは、その見方からくる対応の仕方の影響・功罪であろう。この点については後述するが、少なくとも私達は、その間違った対応が引き起こす弊害だけは最小限に防いでいかなければならない。この点に関して関口氏は精神科医としての自分の経験を振り返って、不登校への過去の対応の間違いを「引きこもり」に対しても繰り返さないように戒めている。

② 「引きこもり」は人生にとってマイナスか？

現在引きこもって日夜苦しんでいる本人や家族などの当事者や「引きこもり」そのものをネガティブに捉えている人達から見れば、引きこもりが人生のマイナスであることは当たり前のように思われることだろう。しかし、その体験を通して本当の自分に目覚め、自分自身の人生を歩み始めた人達やわが子が不登校や引きこもりになって初めて親として真剣に子どもに向き合った親達の中には、その体験を必ずしもマイナスとは捉えず、寧ろその後の人生にとってプラスになったと考える人達も多い。それはその人の人生観や価値観によって違うので一概に云えないが、その体験をプラスに生かすことによってのみ前途が拓けてくるといえるであろう。

③ 不登校・「引きこもり」は家族や大人社会に何を暗示しているか？

この点に関しては、これまで述べてきた事を、引きこもりの本質的な特徴である「人間どうしの関係性の障害」という視点から具体的に見直していくことによって自ずと明らかになるであろう。それは本人が不登校・引きこもりというつらい作業を通して何を訴えているのか。彼（彼女）が身近な家族の人間関係の中で何を求めてきたのか、いま何を求めているのか、また大人たちがつくってきた現在の社会のどのような矛盾や問題点を告発しているのかを、当事者を中心にして私たち大人がみんなで考えていかねばならない課題である。*注10）

Ⅱ、「引きこもり」への対応

（1）初期段階への対応

わが子の不登校や引きこもりが始まった時、大抵の親は『まさか、わが子が!?』とパニック状態になり、本人の気持や状態を理解出来ずに説教したり、強制的に学校や会社などに行かせようとしたり、医療機関に連れて行こうとしたりする。

それが本人を更に追いつめ親への不信感を強め、益々事態を悪化させる。家庭内では毎日嵐が吹き荒れる。この段階で親にとって最も大切なことは、まず本人のつらい気持を受けとめて、不登校・引きこもりについて正しい認識をもつことである。その為には、体験者の話しを聞いたり、いろいろな集まりに出たり、参考になる本を読んだりすることも良い手がかりになる。又、時には（内因性）精神疾患が原因になっている場合もあるので、様子をみて精神科医の診察を受ける事が必要な場合もある。

（2）長期化を防ぐには

やがて親たちも現実を認めざるを得なくなると、『嵐』も徐々におさまり、小康状態が訪れる。しかし、状況を根本的に改めようとする方向に向っていない場合には、本人の心の中の深い傷は癒されず状態は長期化していく。この段階で最も大切なのは、失われた『自己肯定感』を取り戻すことである。その為に必要なのは、本人の能力や学歴・財産・名誉といったものではなく、「かけがえのない存在」としての自己の存在を肯定できる意識である。そして、その為に心を砕いてくれる親などの身近な人の存在やありのままの自分を信じてくれる仲間の存在である。

また、引きこもり状態から脱け出して前に向って歩いて行こうとする時に大切なのは、その一歩を踏み出す勇気と一歩づつ徐々に人との関わりに参加していくことである。

(3)「長期の引きこもり」への対応

いろいろな原因から引きこもりが長期化し、なかなか出口が見つからない場合に最も大切なことは、仲間（それも同じような苦しみを体験している人達）とのつながりをもつことである。そのきっかけとしてフリースペースや学習会などの集まり、親の会などが役立つこともある。また、本人にとって一番身近な存在である家族そのものが、周りに対して引きこもり状態になっていて悪循環に巻き込まれていることも多いので、家族以外の第三者の援助が良い影響を与える場合もある。さらに、引きこもりが長期化している場合には、その原因となる内因性の精神疾患や二次的・派生的に生じた精神的な障害をともなっている事もあるので精神科医やカウンセラーなどの専門家の援助が必要な場合もあるであろう。

（まとめ）

これまで見てきたように、不登校や引きこもりの子ども・若者達の苦悩は、その生きづらさからきており、その根源には彼・彼女らをめぐる人間どうしの関係性の障害がある。そして、それぞれがいろいろな原因で深く傷ついて人間関係の不信に陥っているその心は、結局は人間関係の中でしか癒されない。それは言い換えれば「社会への参加」を意味するが、彼らを取り巻く厳しい状況を考えると、そのことを「就学・就労」といった狭い意味に限定すべきではない。多くの矛盾や問題に満ちた現在の日本の学校や社会をそのままにして、彼らを「社会復帰」させようとすれば、彼らは一層苦しむだけであり、社会的に見ても、不登校や引きこもりは増え続けるであろう。大切なことは、このような現在の日本の社会のあり方を、すべての人が生き甲斐を持てる社会に変革していくことと結びつけて、さまざまな「生きづらさ」を抱えている人達が手をつないでいくことである。そのためには思想・信条や世代などのさまざまな違いを越えて、すべての人の人間らしい生活の実現をめざす人々が連帯していくことが、いま私達にとって最も重要な課題であると考える。

「不登校・引きこもりと現在の日本の社会」（脚注と参考文献）

＊1）この点に関しては、高垣忠一郎氏が分り易く説明しているのを参照したが、他にも不登校やひきこもりの子ども・若者達に寄り添って関わっている多くの人達が指摘しているところである。

＊2）二〇〇七年九月に愛知県が県内の引きこもり支援団体を通じて実施した引きこもりのいる家庭に対するアンケートで、同居している親の六割近くが六十才代以上で、約三割が年金生活者などの無職であることが分った。（二〇〇八年三月二〇日中日新聞）

＊3）厚生労働省は二〇〇七年七月に「『ひきこもり』対応ガイドライン」決定版を発表したが、その中でひきこもりを「さまざまな要因によって社会的な参加の場面がせばまり、就労や就学などの自宅以外での生活の場が長期にわたって失われている状態」と定義している。（斎藤環著『思春期ポストモダン』より）

＊4）近藤直司氏によると「情緒的引きこもり」とは「生活上の引きこもり」「社会的引きこもり」というよりは、人と人との情緒的な交流の障害を指し、例えば、外見的には穏やかで礼儀正しい人であっても、よく付き合ってみると、その人の本音や、その人らしさというものがまったく感じられない人、また、表面的な人間関係はそつなくこなすことができても、それ以上親密な人間関係を結ぶことができないといった人も少なくない。こうした人たちは、さまざまな情緒、たとえば喜び、悲しみ、怒り、妬みなどといった人間としての自然な感情を表わすことが極めて少なく、いわゆる「心と心の交流」ができない人たちである。（近藤直司、長谷川俊雄編著『引きこもりの理解と援助』萌文社）

＊5）斎藤環氏は『さまざまな個性を持った青年たちが、多様な原因からひきこ

もるにもかかわらず、ひきこもって以降の状態像が似通ったものへと単純化されていく傾向がある…。それは恐らく、親子の間でコミュニケーションがこじれていくパターンが似通っていることと関係があると思われます。たとえば、子どもがひきこもる↓親が叱咤激励を繰り返す↓不安からますます引きこもる、といったコミュニケーションの悪循環は、多くの家庭に共通して見られるものです」と述べている。（ＮＨＫ出版『ひきこもり』監修斎藤環）

＊6）例えば、吉川武彦氏は、日本の近代工業化を推進してきた四つのキーワード「スピード重視」「生産性奨励」「管理化強化」「画一化推進」が子育てにおける「早くしなさい」「頑張りなさい」「しっかりしなさい」「みんなと同じにしなさい」という言葉かけに対応しており、子どもの「心の育ち」を危うくさせてきた元凶である、と指摘している。（ＮＨＫ出版『ひきこもり』前掲書に所収）

＊7）斎藤環氏は、不登校とひきこもりの関連について、次のように述べている。
「文部科学省が平成十年から十一年にかけて行った、中学三年生時点で不登校

だった人の追跡調査によれば、五年後（二十才時点）に就労または就学していなかった人は23％でした。この中には、たとえば結婚して専業主婦になった人なども含まれているため、実際には「ひきこもり」の状態にある人はもう少し少ないと考えられます。つまり、不登校がすぐさま「ひきこもり」につながるわけではなく、大半はその後社会的に適応できるようになります。ただし、ひきこもっている人の中で見ると、不登校を経験した後、社会再参加の機会をキャッチすることが難しく、自宅での生活が長期化したケースが多い、ということは言えるでしょう。」（NHK出版『ひきこもり』前掲書）そして、不登校事例全体の、およそ15％から20％が長期化し、ひきこもっていくと推定している。

（斎藤環著『思春期ポストモダン』幻冬舎）

＊8）この点に関して貴戸理恵氏が、『「学校」の問い直しから「社会」とのかかわりの再考へ』というテーマで「不登校その後」について当事者の視点から論じているのは、両者に共通する大切な視点を指摘している。
（『こころの科学』123号　日本評論社所収）

＊9）この点に関しては、その人の世界観（哲学）・人生観によって大きく左右されるので、ここではその参考になる文献の幾つかを紹介するにとどめたい。
☆村上伸治著『心理療法にまつわること』（『こころの科学』123前掲書所収）
☆斎藤　環著『思春期ポストモダン』幻冬舎
☆小沢牧子著『「心の専門家」はいらない』洋泉社
☆木村　敏著『心の病理を考える』岩波新書

＊10）小柳晴生氏は『人は「明るさ」や「元気」、「楽しさ」だけでは生きられない。「閉じこもり」は、明快な信条によって排除され闇に葬られたあいまいさや陰の世界を、その家庭に取り戻しているのかもしれないのです。…現代の都市は一晩中まばゆい電飾が消えることがありません。精神状態でいえば、「躁状態」がずっと続いているようなものです。そんな街にひっそりと閉じこもる若者が少なからずいるというのは、社会全体としては健康なバランスを保っているようにも思えます。社会がもう少し明かりをおとして生の陰影を味わうようになれば、ある個人が一身に「閉じこもり」の苦しさを背負うことが少なくなるか

もしれません。』と述べている。
（小柳晴生著『ひきこもる小さな哲学者たちへ』　生活人新書　ＮＨＫ出版）

【参考文献】

☆「ひきこもり」ＮＨＫ「ひきこもりサポートキャンペーン」プロジェクト編
☆「社会的ひきこもり」　斎藤　環著　ＰＨＰ新書
☆「ひきこもりと不登校」　関口　宏著　講談社＋α新書
☆「ひきこもりの家族関係」　田中千穂子著　講談社＋α新書
☆「ひきこもり　当事者と家族の出口」五十田猛著　寺小屋新書
☆「引きこもりの理解と援助」　近藤直司・他編著　萌文社
☆「ひきこもる小さな哲学者たちへ」　小柳晴生著　生活人新書ＮＨＫ出版
☆「『引きこもり』を考える」　吉川武彦著　ＮＨＫブックス
☆「『引きこもり』から、どうぬけだすか」富田富士也著　講談社＋α新書
☆「親子ストレス」汐見稔幸著　平凡社新書

☆「ひきこもりと家族トラウマ」服部雄一著　生活人新書ＮＨＫ出版

☆「生きることと自己肯定感」　高垣忠一郎著　新日本出版社

☆「閉じこもるフクロウ」町沢静夫著　朝日新聞社

☆「ひきこもる　おとなたち」仲村　啓著　ＶＯＩＣＥ

☆『心の専門家』はいらない」小沢牧子著　洋泉社

☆「心の病理を考える」木村　敏著　岩波新書

☆「人格障害の時代」岡田尊司著　平凡社新書

☆「思春期の心理」高垣忠一郎著　あゆみ出版

☆「思春期ポストモダン」斎藤　環著　幻冬舎

☆「こころの科学」１２３号　日本評論社

☆「ひきこもりの国」マイケル・ジーレンジガー著　光文社

☆「不登校・ひきこもりを生きる」　高岡　健著　青灯社

☆「ひきこもる人と歩む」青木道忠・関山美子・高垣忠一郎・藤本文朗（編著）
新日本出版社

第四章 「自立と連帯」の危機をどう克服するか

(はじめに)

日本の子ども・若者の自立の危機がいろいろな面で指摘され出したのはもう二十年以上も前のことである。一九八〇年代以降に急増し出した不登校児、次第にクローズアップされてきた引きこもりの若者、フリーターの増加、パラサイトシングル等々の問題はいずれも子ども・若者たちの社会的自立の立ち遅れを象徴する社会現象として取り上げられてきた。たしかに、それは彼らが大人になっていく過程でためらい、立ち止まり、悩み苦しみ、自分の将来がなかなか見通せない閉塞状況に追い込まれていることを表わしている。

しかし、世の多くの大人達は、これらの問題の社会的背景・原因まで深く考えず、それは主として本人や家族のあり方の問題として認識していたのではないかと思われる。これらの社会問題に政治的・社会的責任をもっている政財界の指導者たちや彼らに種々の提言をするいわゆる有識者たち、中央から地方の末端までの行政担当者などだけでなく、現場でこれらの子ども・若者たちに直接関わっている教師たちまでこのような傾向が多かった。

それればかりか、悩んでいる当の本人や家族までこのような見方の影響を受けて自分自身を責めて苦しんできたのである。それ故、この十年ばかり不登校や引きこもりの子ども・青年に関わってきた私がいつもまず重視するのは、このような一面的な自己否定観をいかにして克服させていくかということであった。

あらためて指摘するまでもなく、これらの問題は子どもや若者たち本人が生きていく上での困難さを意味しているだけでなく、これからの日本の社会にとっても深刻な問題を投げかけているのである。

例えば、最近になってようやく世間の耳目をひきだした「ニート」と呼ばれる若者たちの問題（厚労省推定約六〇万人）、増加しつづけるフリーター（同約二〇〇万人）、これとも深く関連する非婚・シングル化の拡大などは、歯止めのかからない少子化の進行などと相伴って、やがて労働力市場の問題、生活不安定・貧困層の増大、社会保障制度の基盤の崩壊、高齢者介護の問題など、どれをとってもまさに日本社会の根底を揺さぶる重大な危機が深まってきていることを告げている。

しかし、いまだに一部の人々を除いて、多くの大人達の危機意識は、個別の問題に限られていて全体像の把握が不充分であり、それを反映してこれらの問題に対する政府・国家の対応策も対症療法的・断片的な思いつきの対策の寄せ集めの観は否めず、根本的な対策は放置されたままで、危機の状況はますます深まりつつある。

そこで、いま一度これらの問題をたんに子どもや若者たちの問題として一面的にとらえるのではなく、大人と子ども・若者たちの世代間の人間関係の問題として、とくに子育て・教育のあり方と「自立と連帯」の問題に焦点をあててとらえ直し、危機の実態をふまえた根本的な解決の方向を考えていく上での手がかりの一つを問題提起したい。

(1)「自立の危機」をどうとらえるか

まず子どもや若者の「自立の危機」について考えてみたい。以前に私は自立のとらえ方について、子育てや教育の問題に関連して一般に理解されている発達課題(概念)としての自立の尺度(身体的自立→行動の自立→精神的自立→社会的・経済的自立)だけでなく、その土台・基礎として自己の存在を肯定する自立のとらえ方の重要性を指摘したことがあるが、その後も多くの不登校児や引きこもりの若者たちと関わる中で、大人たちにとって所謂「良い子」(多くの場合、発達課題としての自立を達成している子ども)の挫折の例に数多く接して、その思いをますます強くした。しかもこれは単に不登校の子どもや引きこもりの若者たちだけの問題でなく、諸外国と比べて日本の子どもたち一般に共通した特徴である。すなわち、諸外国と比べて日本の子どもたちの自己評価はいろいろな分野で極めて低く、これは自己肯定感の低さを意味しているといえる。そしてこのことは、自分の将来の見通しにも反映し、日本の生徒は他国に比べ将来の夢や希望が極端に少ない。また、将来の社会についても日本の中・高生は最も悲観的な見方をしている。

このような現在の日本の子どもや若者たちの自己肯定感（＝自己に対する積極的評価）の低さはどこから来ているのか。その原因として最も大きなものは、国連の子どもの権利委員会の日本政府に対する二度にわたる勧告も指摘しているように学校教育における過度の競争主義とそれに影響を受けた親の子育てのあり方にあることは明らかである。

例えば、小さい時からよその子と比較したり、親の要求を押し付ける過剰な期待や幼児期からの厳しいしつけなどである。また、親自身が大人として未熟なために、或いはまた生活の厳しさ故に、子どもにとって愛情が最も必要な幼児期にそれを充分に与えられないことも、子どもの自己肯定感が育たなかった大きな原因になっている場合も多い。

さらに学校における競争主義、管理主義に起因する選別・差別、いじめ・体罰、抑圧・規制などにより多くの子どもが人間不信を増長させていくのである。

本来、人間は相互の信頼を絆にした安心できる人間関係の中でのみ人間的な成長ができるものである。ところが日本の子どもたちは上述のように、幼児期から家庭や学校という人格形成の最も大切な場において、自分や他人に対する不信感を植え付けられていくのである。これは子どもたちにとっては、世界の中でも極めて異常で不幸なことである。

(2) 子どもたちを結びつける人間関係(連帯)の現状はどうなっているか

つぎに、真に人間的な自立と切り離せない「連帯」について考えてみたい。連帯は自由で平等な人間相互の関係を前提としてはじめて成り立つが、子どもの成長していく環境である家庭、地域、学校における子どもをめぐる人間関係はどうなっているのか。

一九六〇年代にはじまった高度経済成長の中で日本の家庭の核家族化がすすみ、いわゆる「過疎・過密」現象にともなって地域社会のコミュニティーが崩壊していったことはよく知られているが、それは家族のカプセル化をもたらし、「密室の育児」が増え、保育園や幼稚園、さらには小学校に入学しても他の子どもとうまく人間関係が結べない子どもたちが増えてきたことは、多くの現場の教育関係者が指摘している。

一九八〇年代に入って、あちらこちらで小学校低学年でも学級崩壊が起きてくるようになってきたのも、このことと深い関連がある。「いじめ」やそれを原因とする子どもの自殺もあとを絶たない。このような、子どもの育つ社会の変化を無視するような大人たちの中には、いまだに『いじめ』は昔からあった。近頃の子どもは、親の甘やかしや学校教師の指導力不足が原因で自己中心的でひ弱になっているのだ」という発言も多く聞かれる。

しかし、もし子どもをとりまく状況を少しでも真剣に知ろうとすれば、このような無責任な大人の発言は現実を正しく認識していないものであることは明らかであろう。

例えば、『いじめ』を苦に自殺した子ども達の訴えを遺書や事前の友達への話しなどから推測すると、親も教師も自分の苦しみを真剣に受けとめてくれず、ぎりぎりのところまで耐えて生きてきたことを語るものが多い。また『いじめ』の態様も、昔のように加害者は『特定の少数のワル』というよりも、それに同調したり『見て見ぬ振りをする』多数のものが特定の弱者をターゲットにして、教師にも分からぬように執拗に繰り返されるという形のものが多くなってきている。(二〇〇三年ベネッセの調査、公立中学一六〇〇名の中でクラスのイジメを見ない振りをするは55%)

また、子どもが相互に育ち合う生活の場である学校において、皆との協力や連帯を象徴する生徒会の自主的活動が困難になり、執行部(本部)が成立しないことも珍しくなくなり、その活動内容も学校(教師)の下請けや奉仕活動の押しつけが主になってきてから、子ども達にとっては皆との協力によって人間に対する信頼感を育んでいくことが極めて難しくなってきている。それでも、エネルギーのある子は自分の好きな部活動を通じて仲間との絆つくっていく場合もあるが、そこにも激しい競争が持ちこまれ、また国の文教政策による部活動の校外・地域への転換などによって個人中心的な活動になっていく傾向も強まっている。その上、学校生活の基礎集団である学級も、たんに一緒に授業を受ける生徒達の集まりに過ぎない場合が多く、かつてのような民主的な学級集団づくりは難しい。

また子供時代に仲間とのつながりの最も重要な場は遊びであるが、それもTV

ゲームの普及によって各自が画面に向って機器とやりとりする姿に変わってしまった。

これでは子どもたちの中に連帯の力が育つことは極めて困難であろう。

（3）「自立と連帯」をどう育てるか

これまで述べてきたように、子どもや若者たちの人間的な「自立」についても、またそれを育てる上での必須条件である人間関係における「連帯」（仲間との協力関係）についても、現在の日本の社会や学校では危機的な状況が深まっている。

このような状況に対して、第二次大戦後の「民主主義教育」の前進の中でその影響を多かれ少なかれ受けてきたおとな達の世代（とくに教師・父母・市民など）の中には、この状況を切り拓く展望が見えずに悲観的になっている人達も多い。

しかし、子どもや若者達にとって人生は一回きりのものであり、これから彼等が生きていかなければならない未来の社会は、益々厳しくなっていく競争原理の支配する世界である。

ではどうすればよいか。このような弱肉強食の社会、一人一人がバラバラに切り離され孤立化している社会を変革して、人々が互いに支え合い・助け合う本来の人間らしい社会（＝共同社会・共生社会）をどうすればつくっていくことが出来るのだろうか。

ここでは、そのような社会の担い手となる子どもや青年たちを育てていく責任を持っているおとな達(とくに教師たち)に向けて若干の問題提起をしてみたい。

① 子どもや若者の立場（目線）から見る。

とくに、現在深刻な問題になっている「いじめ」「不登校」「引きこもり」などの問題を考える時には、時代状況も異なる大人自身の経験に照らした見方を改め子どもや若者の心に寄り添ってものごとを見ることによってはじめて共感でき、これが出発点である。

② ものごとを相互関係（関係性）からとらえる。

とくに、大人と子ども・青年の関係を考える時、上からの指導という一方向的な見方を改め、大人自身も彼らから学ぶという「学び合いの関係」からものごとを見る。

教師と生徒との関係は、「教える」―「教わる」という主体と客体の関係ではなくて、「学び合い」の関係である。これは生徒どうしの関係においても同じである。又、学習や生活態度で問題をかかえている生徒を見る時、その子や家庭の問題としてだけ捉えるのではなく、教師と生徒の関係、生徒どうしの関係の問題としても捉える。
③ 世代間の断層を実践を通して克服する。
もともと子どもや若者は大人と「同時代人」である。彼らは、人生の先輩である大人からいろいろなことを学びたがっている。しかし、特定の価値観を押しつけるのでなく、ともに考え、サポートしてくれる大人を求めている。家庭や学校や地域で、「わが子の考えていることが分らない。」「近頃の子どもや若者はなってない。」という親・教師や世間の大人達の嘆きや非難・絶望を乗り越え、あらゆる機会を捉えていろいろな世代の人達が交流し、理解し合う場をつくり広めていく事が大切である。

④社会の変化に対応して民主主義教育の理論と実践を発展させる。

競争原理の支配する現代社会の中で育ってきた子どもや青年はバラバラに（アトム化）されて、人間不信（他者不信と自己不信）を根強く持っており、自己肯定感が乏しくいつも傍観者的な態度をとる。このような子ども・青年達を、かつては民主主義的集団づくりの原則といわれた方法や理論（例えば「班・核・討議づくり」など）によって変革してこうとしても、少なくとも現在の教育状況の下では不可能に近い。それよりも「個性」にこだわり、傷つくことを怖れて他者と内面的に深く関わろうとしない彼らの人間関係をつくっていく為には、多様な場面で共通の目的のために一致点で手をつなぐ「連帯」を重視した参加型の民主的な集団づくりを目指すべきではないか。スローガン的に言えば、「団結」から「連帯」への転換である。勿論、「民主主義的」である以上は集団として必要な「自治」と参加者の「自立・自律」は欠かせないことは当然である。

⑤子ども達の幸福の為に教師・保護者（親）・地域の人達との自主的な連帯を強める。

冒頭に述べたような子ども・青年達の問題状況を捉えて政治・経済界の支配的

な立場にある人達やその影響を受けた一部のマスコミや親達から、学校・教師に対する意図的なバッシングがなされ、また他方では家庭・親の子育てに対する批判も強められている。

それと結びついて改定教育基本法や教育再生会議の提言にも見られるように、国家の学校教育や家庭教育への支配・介入が一層強められようとしている。そのような状況の中で、学校・教師と家庭・親との相互不信・対立が強まり、一方では学校教育への市場原理の導入によって義務教育にまで学校選択制が導入されはじめ、学校と地域の結びつきも根底から破壊されようとしている。これに対して、今こそ学校・教師と親・地域の人達は子どもや青年達の幸せの為に、多様な「連帯」を創造し広げていかなければならない。又その為にも、教師どうしが学校の内外で自主的な研修などの交流を深め、「連帯」していくことが必要である。現在益々強められつつある国家権力の教育支配に対して、まさにそれは主権者としての私達の責任でもあろう。

（あとがき）〔補論〕

現在の日本は「民主主義」の観点からみて政治・経済の面でも人間関係をはじめとする社会のあり方などの面でも深刻な危機的状況にあることは多くの人々が感じているところである。そのことは根源的には「個人の自立」とそれを支え合う人々の「連帯」（共存関係）が危機に面していることからきていると言えるであろう。本論では、不登校・ひきこもりの子ども・青年達の問題に焦点を絞って述べてきたが、そこでは述べ切れなかった幾つかの重要な問題を補足して、この問題が現在の日本の社会のあり方全体に関わる問題であることを確認し、日本が当面している内外の諸課題にとりくむ実践の方向と将来の展望を考える上で幾つかの問題を提起して本稿を締めくくりたい。

① 現在の日本の社会における自立の危機の広がりと深刻さを表している問題として、象徴的な「ひきこもり」の現象についてみると、それは学齢期の子どもや青年達に特有の問題ではなく、全世代におよぶ問題であることを確認することが重要である。

「ひきこもり」が長期化するうちに、当初は青年だった当事者が現在では四十～五十代になっているケースも多いが、それだけでなく急速に進む高齢化社会の中で福祉の不充分さのために多数の高齢者が孤独な「ひきこもり」の状態で人間らしく生きていく希望をもてない状況の中で生きていることは周知の通りである。また、四十代～五十代の就労現役世代も格差が拡大していく競争社会の中で階層間のいろいろな矛盾や相互不信、リストラの不安に怯え、将来が見えない「ひきこもり」状態に陥っている人達が多いことは、毎年三万人を超える自殺者が長年続いていることにも象徴的に示されている。

また、青年期にあたる高校・大学の不登校・ひきこもりの学生に関しては、多数の中退者まで含めるとその実態も把握されていない状態である。

② 次に現在の日本において「自立の危機」に深く関係している社会現象として、本論では触れなかった問題として、世代を超えて多くの人々に広がっている「依存症」の問題がある。

☆とくに子どもを含めて若い世代にみられるスマホ・携帯、TVゲームなどのネット依存〈中高生～推計五一万八〇〇〇人〈厚労省二〇一二～一三年調査〉中日新聞二〇一五年四月一九日」
☆　中高年に多くみられるギャンブル依存(パチンコ、競馬、競輪…)　酒、タバコ…
☆　高齢者に多い薬依存

③　最後に、現在の日本の政治や経済における「自立と連帯」の問題提起をしたい。
本論でも述べたように、子ども・青年達の不登校・引きこもりの問題について多くの人々の一般的な見方は、それを主として個人の日常生活における自立の問題として捉え、その背景にある現在の日本の政治・経済や社会のあり方の問題として捉える視点が希薄であるが、そのことが、これらの問題を「自己責任」や「家族の責任」に帰してしまって長期化・深刻化させることにつながり、また社会的にも益々拡大化して根本的な解決を困難にしている大きな原因になっているといえよう。

それは政治や経済のあり方が個人の生き方に大きな影響を与えその土台となっていることからも明らかであるが、それ故「自立と連帯」の問題を考える場合には、政治・経済（活動）における「自立と連帯」の問題を改めて問い直すことが必要である。

政治面では、言うまでもなく民主主義社会における主権者としての自立・連帯のあり方が問われるが、その点から現在の日本の政治情勢を左右する選挙の実態を見る時、投票率の低さや地方自治体における無投票当選の増加など、主権者としての権利行使の放棄が近年クローズアップされてきており、また、権力やマスコミによる世論操作の影響を受けて、主権者として自覚的に考えることが難しくなっている人々も多いように思われる。更に国家レベルの自立・連帯という面では、現在の安倍政権の対米従属強化（集団的自衛権行使、基地問題、TPP・・）の路線に対して、主権者としての判断と実践の方向が問われているが、この点についての具体的な考察は、別の機会の論議に期待したい。

経済活動の面では、近年の新自由主義路線に基づく大企業本位のグローバル経済推進のもとで、日本の国民経済は益々自立の危機を深めているが、これに対して一方で国民各層や地方の中で自立と連帯の動きも広がりつつある。（ex. 生協活動、「里山資本主義」など）この点についても別の機会の論議を期待したい。

【資料5】〈マイケル・ジーレンジガー著　「ひきこもりの国」　光文社より〉

☆　日本の対外関係について

「日米の深い共依存」経済および安全保障の両面において、日米はいまも深い共依存関係にある。・・・

二十一世紀の世界において、日本と世界との関係を著しく制限するであろう大きな障害がある。軍事および外交問題に対処するさい、日本はアメリカへの依存度があまりにも高すぎるのだ。安倍新政権にとっての大きな課題は、国家として健全な自己の目的意識を高め、徐々にアメリカからの分離、独立を獲得していくことである。それだけではない。韓国、中国など、近隣諸国との関係強化を図るべきだ。…アジアの将来の繁栄に向けて、日本は強力かつ決定的かつ不可欠な役割を果たすことができる。ただしそのためには、一九三〇年代、四〇年代に日本がアジア諸国を占領し、植民地化したという歴史的事実を、日本国民が正しく理解していなければならない…

☆日本の社会と教育改革について

日本人のなかには、ひきこもりというのはたんに甘やかされて育った若者で、社会に出て働いたり、他者と交わることを嫌うのは、彼らが「怠け者」だから、あるいは自分を溺愛する親のすねをいつまでもかじっていられるからだ、と考える者もいる。しかし私の分析では、これとはまったく異なる側面が見えてくる。

ひきこもりの若者たちの多くは、頭がよく、繊細で、きちんと自己認識ができている。

彼らは日本社会にはびこる偽善や閉塞感を、親や教師よりも明確かつ切実に感じとっているのだ。我慢と義理に支配された窮屈で息苦しい生活から抜け出せずにいる哀れな父親たちを見て、ああはなりたくないと思っている。「ほかのみんなと同じだ」というふりはしたくない。自分はほかのみんなとはあきらかに違うし、そうなった原因こそ、声を大にしていいたいことなのだから。彼らが経験している日本という社会では、表立った反抗は容認されない。だから、内側に逃げるしかないのだ。彼らが自分たちの不安、反発、探究心を表現するための空間は、安全な寝室の中にしかないのである。

安倍首相が本心から、「負け組」たちの再チャレンジ、再スタートを支援したいと考えるなら、ひきこもりの若者たちが大人たちに発しているメッセージに耳を傾けるべきだ。安倍が推し進めようとしている教育改革では、学校は「伝統と文化を尊重し、それらをはぐくんできた我が国と郷土を愛する態度を養う」ことが求められている。だが、そんなことより、受験中心の教育を改め、各自が好きな科目を深く学べるようにして、丸暗記よりも批判的思考が評価されるような体制を整えるべきであろう。

首相は厚生労働省に指示して、ひきこもりを生む病理をより深く理解するために、広範囲の調査、研究を進めさせるべきである。自殺、過労死、鬱などタブー視されている話題についても、国民的議論にかけるべきである。・・・

〔資料6〕「コナクリ宣言」〔一九六〇年四月、ギニア共和国の首都コナクリで日本代表も参加して開かれた第二回アジア・アフリカ諸国民連帯会議の宣言〕より。

☆　真の独立国とは

会議は、以下のような場合にはその民族は真に独立していないと確信する。

①法令が国民の完全な同意を得ないのに、その国民の名で制定されるとき。

②外国の軍隊が「独立国」であるといわれている国の領土に駐屯し、もしくは軍事基地をおいているとき。

③ある国民が、植民地主義国に指導される共同体の一員であるか、あるいは帝国主義国との軍事同盟に参加しているとき。

④ある国民が、政治・軍事・経済・社会の諸計画を実行するにあたって、民族主権にそなわる諸機能を自己の裁量で完全に行使できないとき。

⑤「世界人権宣言」(一九四八年)の定める個人の基本的自由が尊重されていないとき。

【「自立と連帯」の危機をどう克服するか】の参考文献の一部

☆ 折出健二著　創風社　「変革期の教育と弁証法」「市民社会の教育」「人間的自立の教育実践学」

☆ 青木書店「教育における依存的自立」唯物論研究年誌12号所収

☆ 明治図書「現代における自立とは何か」〈高校生活指導〉一九八五年所収

☆ 窪島務著　地歴社「現代学校と人格発達」

☆ 藤田英典他著　東京大学出版会「学び合う共同体」

☆ 佐伯・汐見・佐藤編　東京大学出版会　学校の再生をめざして」1・2・3

☆ 近藤邦夫著　東京大学出版会　「教師と子どもの関係づくり」

☆ 汐見稔幸著　平凡社新書　「親子ストレス」

☆ 田中千穂子著　講談社＋α新書　「ひきこもりの家族関係」

☆ 五十田猛著　寺小屋新書　「ひきこもり　当事者と家族の出口」

☆ 小柳晴生著　ＮＨＫ出版「ひきこもる小さな哲学者たちへ」ＮＨＫ出版「大人が立ちどまらなければ」

☆ 樋口恵子著　明治図書「育児は育自・教育は共育」

☆ 和田秀樹著　祥伝社新書　「依存症」社会

☆ マイケル・ジーレンジガー、河野純治訳　光文社　「ひきこもりの国」

☆ 青木・高垣・関山・藤本編著　新日本出版「ひきこもる人と歩む」

☆ 藻谷浩介、ＮＨＫ広島取材班著　「里山資本主義」　角川書店

☆ こころの科学（１２３）特別企画「ひきこもり」　日本評論社

（あとがき）

『全ての人が人間らしく生きていける共生社会を目指して』

宇野　耕児

序文でも述べたように、私がこの本を出版する動機となったのは、第二次世界大戦の戦前・戦中・戦後を通して激動する時代を生きてきた私が八十歳を過ぎる頃から自分の生涯の終末を避けることの出来ない現実として自覚するようになり、残り少なくなっていく日々を自分から選んで納得できる生き方をして過ごしたいという思いからであった。

そして私自身の人間観からすれば、人間存在の特質は動物としての身体的生命と精神的生命の二つの面を持っていることであり、身体的な存在は死によって消滅しても精神的な面は死後も残された人間にとっては存在して影響を及ぼすと考えている。とりわけ「人間が社会的存在である」という面を重視して生きている人達にはそのように言えるであろう。
そこで、この本の出版を通して、私がこれまでの自分の人生における生き方の理念としてきた「全ての人が人間らしく生きていくことが出来る社会」の実現を目指す目標を多くの人達に共有して貰いたいという願いからそこに収録した論稿の中には、かなり前に書いたものもあるが、現在読み返してみても当時よりなお一層深く現在の社会の認識をするのに参考になるものもあるので、執筆した時のままで掲載することにした。(特に第二部)
その中で例えば「生命の尊厳」についての論稿の箇所について見てみると、そこで述べた当時の新聞記事に掲載された殺人事件を上回る多くの残虐な事件や障害者施設や無差別の大量殺人事件がそれ以後今日まで起きており、また子どもの生命を奪うような児童虐待の増加とそれを防ぐ政府を初め関係諸機関の対策の不充分さに対しては、国連の子どもの権利委員会は厳しく批判し、日本社会全体で向き合うべきだと包括的な対策の強化を勧告した(二〇一九年二月七日)。
それから最も残虐な人命の大量殺戮をもたらす戦争の危険性について見ると、

今世紀に入る頃から特に顕著になってきた大国間の経済的な対立とそれに基づく軍事的・国家的対立は再び世界的規模の戦争の危険性を増大させており、その中での日本の対外・国内政策の動向を見ると米国との軍事同盟強化を基盤にして世界中で再び戦争が出来る国家になるために憲法九条をはじめとする改憲と軍備増強や近隣アジア諸国との摩擦、対立関係の増加など、第二次世界大戦後で最も危険な状況になっていると言える。

また、国民の命綱である農産物などの食糧の自給率についても、大企業の利益を中心にしたグローバル経済によって益々低下し、貧富の格差拡大の中で社会的弱者の生命が脅かされてきている。

尚この本の出版にあたっては『ほっとブックス新栄』に多大な御尽力を頂いたことを厚く感謝いたします。

〔資料２〕［公害問題　原子力発電について］ 本文43ページ

（個人研究レポートの抜粋）

〈原子力発電をめぐる最近の社会情勢〉（略）

〈原子力発電の諸問題〉

１、放射能汚染食品の輸入

○食糧の輸入状況

食糧〜3割、穀物〜7割…１キロあたり370ベクレルの基準で輸入を認める。

（１ベクレルは１秒間に１回原子が壊れるだけの放射能量）

☆外国との比較〜タイ、フィリピン＝約半分。

シンガポール＝全く認めない。

○放射能測定

一部の国(ソビエト、トルコ、ポーランドetc.)のものを除き

10分の１の抜き取り検査。

⇒　市販品の中から基準値を超えるものの発見。

⇒□市民による測定運動

□自治体に汚染食品測定器の設置を求める運動

（ex. 藤沢市、東京中野区）

2、原発労働者の被爆状況

○原発での労働

A､運転業務＝中央制御室で行う。従事者は電力会社の社員。
放射能の心配は皆無。

B、定期検査業務＝原発は一定期間を経ると運転を停止し機械･装置類の補修や検査の実施が法によって定められている。これが定期検査、現場は野外もあるが多くは被曝を前提とした労働。ほとんどが下請労働者による作業。

(a、日雇い労働者　b、原発周辺地域の住民　c、農業・漁業を営んでいた中年男子　d、中学を卒業したばかりの少年　e、定年退職後の初老の男性)

○被曝データー(86 年度)

□総被曝線量＝1 万 198 人・レム

□下請労働者の被曝＝96%

○原発労働者の声

・公衆・マスコミ・行政府に良い面だけを見せ、そのしわ寄せを下請け業者に押しつけている。

・温かさ・やさしさがない。

・金で目をくらますような企業姿勢はやめてほしい。

・被曝によって病気になったとき、誰がどの程度補償してくれるのか。

・遺伝的影響についてまったくわからない現在、私たち放射線労働者は実験台といえよう。

・そこで働かされているものはゴキブリ以下だ。

・人間らしい生活がしたい。
・もやしの暮らしから抜け出したい。
・一日一日を過ごすだけ。

3、放射能廃棄物の処理（略）

［脱原発社会へ］　～世界は脱原発へ

スウェーデン＝2010年までに全原発を廃棄する。

スイス＝　ジュネーブ州民投票で原発建設禁止。
10年間の原子力開発停止の国民投票の動き。

フィンランド＝　三大政党が新規の原発に反対。

西ドイツ＝　主要労組が脱原発。自民党が原発に慎重姿勢に変わる。社民・緑の党は原発廃棄。

イギリス＝　労働組合会議が原子力開発凍結方針。
自由党、労働党は脱原発方針。

アメリカ＝　79年以来新規発注なし。

イタリア＝　国民投票で脱原発。

オーストリア＝　国民投票で脱原発。

デンマーク＝　国会決議で原発禁止。

メキシコ＝　初の原発を稼働凍結。

フィリピン　＝　完成間近の原発を廃炉にする。

○日本について

外国でみると国民投票による脱原発が多数を占めています。しかし日本では特定の問題に国民の判断を求める国民投票制度を定めた法律はありません。住民の権利である直接請求権は議会の多数派の前に退けられるのが常でした。

しかしいろいろな形の住民投票を編み出し、地方自治の活性化と直接民主主義を地域に根づかせる役割を果たしてきました。その例は高知県窪川町です。ここでは原発建設について住民の意思を問う住民投票条例を持っています。

○脱原発法案（88 年 4 月「原発とめよう 1 万人集会」で提案）

⑴ 建設中・計画中の原発はすべて直ちに廃止する。

⑵ 運転中の原発は一定の経過措置の期間内（最長で 1 年?）に全面停止し、廃炉とする。危険の少ない廃炉措置のための研究は認める。

⑶ 原発以外の核燃焼サイクル施設も全面停止し、廃止する。計画は全て廃止。

⑷ 原子力船の開発を中止する。

⑸ 放射性廃棄物については、地下処分、海洋投棄など管理不可能な状態で置くことは絶対に認めず、管理可能な状態で発生者の責任において管理するものとする。

⑹ 政府は原発に依存せず、環境を破壊しないエネルギー政策を責任をもって立案する。

宇野耕児（プロフィール）

1935年　朝鮮（北朝鮮・韓国）馬山府生まれ
1945年　福井県三方郡八村三方に引揚げ
1961年　東京大学法学部卒業
　大手電機メーカー入社
1963年　愛知県立高校教員に転職
　定年退職後　高校・大学の非常勤講師
現住所　名古屋市千種区今池２−26−11

全ての人が人間らしく 生きていける共生社会を!!

発行日：2019年3月25日

著　者：宇野　耕児
発　行：ほっとブックス新栄
発行者：藤田成子
〒461-0004　名古屋市東区葵一丁目２２の２６
Tel：052-936-7551　FAX：052-936-7553
ISBN978-4-903036-32-8 C0037 ¥800E